경복궁 중건을 통해 보는 조선의 역사

경복궁
변화의 시작

지은이 **서찬석**

대학에서 국어국문학을 전공하고, 어린이 잡지기자로 사회 첫 발을 내디뎠다. 그 후 '나이테'를 만들어 어린이와 청소년을 위한 좋은 콘텐츠를 기획, 원고 쓰는 일에 집중하고 있다. 또한 '다물역사탐구회'를 설립, 우리 역사를 제대로 알리기 위한 집필 활동과 답사 운동을 진행하고 있다. 이외에도 문화유산과 식물 사진을 찍으며, 사진작가로도 활발하게 활동하고 있다.

그린이 **이재열**

홍익대학교 미술대학 동양화과 및 미술대학원에서 동양화를 전공했다. 국내 여러 기업과 정부 그리고 방송 프로그램의 사보 그림과 캘리그라피 활동을 했다. 2013년 MBC 슬로건 디자인 공모전 대상, 18회 대한민국 미술대전 수상 등의 경력이 있으며 현재는 충남대학교 예술대학에 출강하고 있다.

그린이 **최달수**

중앙일보와 경향신문사에서 미술기자로 활동했다. 프리랜서 일러스트레이터로 활동하고 있으며, 현재는 경기도 가평군에 있는 호명갤러리에서 커피를 재료로 한 그림을 그리고 있다.

경복궁 중건을 통해 보는 조선의 역사

경복궁
변화의 시작

반올림

머리말

역사란 무엇인가? 지금까지 많은 이들이 그들만큼 많은 정의를 내렸다. 그 무수히 많은 역사에 대한 정의들 가운데 영국의 역사가이자 외교관이었던 에드워드 H. 카(E.H. Carr)가 그의 저서 《역사란 무엇인가?》에서 말했던 '역사는 과거와 현재와의 끊임없는 대화'라는 말이 있다.

이 말은 현재를 살아가고 있는 사람들이 과거에 일어났던 일들과 소통하며 그것으로부터 현재의 일에 대해 나름대로의 해석을 통해 교훈을 얻을 수 있다는 의미를 가지고 있다.

역사의 정의와는 관련성이 적지만, '역사를 잊은 민족에게 미래는 없다'라는 말도 있다. 독립 운동가이자 역사학자, 언론인이었던 단재 신채호 선생이 한 말이다. 물론 신채호 선생의 말은 나라를 잃어버린 국민들에게 현실을 잊어서는 안 된다는 뜻에서 한 것이었을 것이다.

요즈음에는 초등학교에서부터 역사를 공부한다. 그러나 적어도 대부분의 청소년들은 역사를 무수히 많은 암기의 연속이라 생각하며 어려워한다. 그러다 보니 역사를 배워야 한다는 걸 싫어하게 된다. 그러나 역사 교과목이 학생들이 반드시 배워야 할 필수과목이든 그렇지 않든 그것이 중요한 것은 아니다. 중요

　한 것은 역사는 다가올 미래를 위해, 그리고 내가 서 있는 현재의 위치를 정확히 확인하기 위해 반드시 이해해야 한다는 점이다. 내가 사는 나라의 역사를 모르고 어떻게 우리나라에 대해, 세계에 대해, 조상들에 대해, 미래에 대해서 이야기를 할 수 있겠는가.

　역사는 비슷한 일들이 반복되어 일어난다. 또 어떤 역사에서도 똑같은 일이 있을 수는 없지만, 유사한 일들은 일어난다. 이것이 역사적 사건의 반복성과 유사성인 것이다. 모든 생물이 먹이사슬로 공생, 기생관계로 서로 연관되어 살아가듯이 역사는 혼자서 독립적으로 생겨나고 기록되는 것이 아니다. 그 시대를 살았던 사람들 사이의 일들에 대한 기록이 곧 역사인 것이다. 따라서 역사라는 말에는 '사람이 살아온 길'이라는 말이 포함되어 있다. 바로 이 '사람이 살아온 길'이라는 점에서 역사가 유사한 형태로 또 반복적으로 나타날 수밖에 없는 것이다.

　역사적으로 큰 사건 후에는 예외 없이 그 시대 사람들의 생활에 큰 변화가 찾아왔다. 새로운 나라의 건국은 물론, 혁명, 전쟁, 반정, 격모, 개혁이라는 이름으로 발생한 역사적 사건 이후에는 엄청난 변화의 에너지로 누구도 거스를 수 없는 변화의 파동이 일어났다. 그 시대를 살아간 사람들은 물론이거니와 현재를 살고 있

는 우리도 그 변화의 연속선 위에 살아가고 있는 것이다.

《경복궁, 변화의 시작》은 '반올림 History'의 첫 번째 도서로 우리나라 서울의 중심에 우뚝 서 있는 경복궁의 의미를 생각하는 과정에서 '과연 19세기 조선에서 경복궁이 갖는 의미는 무엇이었을까?', '경복궁이 갖는 현재의 의미는 무엇일까?'에 대한 작은 고민으로부터 시작된 책이다. 경복궁의 중건, 현재의 우리에게는 자랑스러운 문화유산으로 수학여행이나 주말여행의 관광지로 그리고 외국인들에게는 한국을 대표하는 궁궐 관광지로 기능하고 있지만, 그 시대의 경복궁은 과연 어떤 의미로 그 시대를 살았던 사람들에게 다가갔을까?

어쩌면 전란의 혼돈 중에 불타버리고 없어진 궁궐을 새로 짓는 것이라고 단순하게 생각할 수 도 있다. 그러나 좀 더 조선의 내면을 들여다보면 엄청난 일들이 경복궁 중건을 중심으로 일어났다.

이 책에는 흥선대원군이 자주 등장한다. 어쩌면 그의 시대를 되짚어 보는 책이라고 보아도 틀리지는 않을 것이다. 그러나 결코 흥선대원군이 주인공은 아니다. 다만 그의 등장 이전의 조선과 이후의 조선은 어떠했는지, 또 그의 등장으로 조선은 어떤 변화의 에너지를 축적하였으며, 어떤 형태의 변화를 겪게 되었는지, 그는

왜 경복궁 중건을 그 시대의 화두로 내걸었는지를 부족하나마 보여주고자 했다.
　'반올림 History'는 우리 시대 역사를 만들어 갈 어린이·청소년들에게 지나온 역사를 이해하는 보충 교자 중 하나로서의 역할을 희망한다. 교과서에서 배우게 될 역사적 사실의 이면에 있는 역사의 의미를, 그리고 서로 연관되어 상호작용하는 살아있는 존재로서의 역사를 이해하고 정규 교과과정에서의 역사학습에 아주 조금이나마 도움이 되기를 희망한다.
　더도 덜도 말고 딱 '반올림'만큼 만.
　앞으로도 '반올림 History'는 역사적 사실의 단순한 나열이나 비교를 벗어나 역사의 유사성, 역사의 반복성, 그리고 역사적 사건들의 연관성을 보여주고자 노력할 것이다.
　역사적 변화에는 반드시 연관시켜 살펴야 할 조력자가 등장한다.
　그것이 사람이든, 사물이든…….

2014년 4월　서찬석

프롤로그
|부록| 경복궁의 역사

• 14

1장

1. 시대의 화두, 경복궁을 중건하라!   • 24
|부록| 조선의 조세제도

2. 세도정치에 신음하는 조선   • 36
|부록| 붕당과 세도정치

3. 세도정치의 핵심, 서원을 철폐하다   • 52
|부록| 조선의 교육제도와 교육기관

4. 경복궁 중건의 두 얼굴   • 66
|부록| 조선 후기 자본주의의 발현

5. 무너진 조선의 세금제도   • 80
|부록| 조선 후기 민란

6. 인재등용   • 94
|부록| 과거제도의 역사와 조선의 관료제도

2장

1. 부국강병, 조선의 부흥 • 108
   |부록| 조선의 군사제도

2. 천주교 탄압과 병인양요 • 120
   |부록| 조선의 기록물

3. 제너럴셔먼호 사건과 신미양요 • 132
   |부록| 서구 열강과 마주한 동아시아 3국의 대응

4. 제국주의의 오만함에 반기를 들다 • 146
   |부록| 조선의 무역

5. 경복궁의 중건, 왕권도 세워졌을까? • 162
   |부록| 고종과 대원군, 그리고 민 왕비

에필로그 • 176
|부록| 대원군 집권기 역사 연표

프롤로그

12살짜리 아들이 조선의 제26대 왕으로 등극하면서 흥선군 이하응은 단박에 대원군의 지위에 올랐다. 당시 조선의 정치를 휘어잡고 있던 안동 김씨들은 물론 노련한 정객들조차 대원군의 등장을 눈치 채지 못했다. 그만큼 고종의 등극은 극비리에 진행된 프로젝트였다.

흥선대원군[興宣大院君].
그는 이미 오래 전부터 이런 날이 오기를 손꼽아 기다린 인물이었다. 왕의 아버지, 대원군이 되기 위한 그의 계획에는 빈틈이 없었고, 스스로와의 약속대로 조선의 정치 전면에 등장했다. 대원군이 정치 전면에 나선 것은 실현하고자 하는 바가 있었기 때문이다.
1800년 정조대왕이 세상을 떠난 후 건국이념의 큰 줄기였던 '왕도정치[王道政治]'라는 말이 무색할 정도로 조선 왕실의 권위는 바닥에 떨어져 있었고, 왕의 외척인 세도가들이 정권을 농단하는 상황이 벌써 60여년이나 지속되고 있었다.
그들의 횡포 때문에 왕은 허수아비와 다름 없었다. 정치적인 결정권도, 인사권도, 세금제도도 모두 세도가들의 손바닥 위에서 놀아났다.
천상천하 유아독존[天上天下 唯我獨尊]!

조선 천하에는 안동 김씨들의 권력과 그들에게 부림을 당하는 백성들 두 부류만 존재하는 것처럼 느껴졌다. 어느 누구도 그런 사태에 대해 말을 하지 않았다. 아니 할 수가 없었다. 말 한마디 잘못했다가는 쥐도 새도 모르게 세도가들에게 목숨 줄을 내놓아야 하는 무서운 시대였다. 그러나 그 와중에도 왕실을, 아니 조선을 개혁해 왕권이 강했던 초기 조선시대로 돌려놓겠다고 원대한 꿈을 꾸는 이가 있었으니, 그가 흥선군이었다.

흥선군.

그는 왕과 일가친척이라는 이유 때문에 변변한 벼슬도 못하고 종친부[宗親府]라는 힘없는 왕실 직속 기관의 책임자로 일하고 있었다. 서슬 퍼런 세도 정치 아래 흥선군은 그들의 도움을 받아가며 겨우 벼슬의 끈을 잡고 있었다.

위험한 줄타기였지만 끊어질 것 같지는 않았다. 그렇게라도 연명해야 했다. 살아남기 위해 흥선군은 최대한 몸을 낮췄다. 그는 눈을 크게 뜨고 세상을 향해 귀를 열었다. 기회를 살폈다. 그리고 마침내 왕의 아버지, 대원군으로 거듭났다.

흥선대원군은 할 수만 있다면 왕실의 권위가 하늘만큼 높았던 시절, 부흥의 시대였던 왕조 초기로 조선을 되돌리고 싶었다. 끝없이 추락한 왕권도 되살리고 싶었다. 그 생각의 중심에 경복궁 중건이 자리하고 있었다.

경복궁의 역사

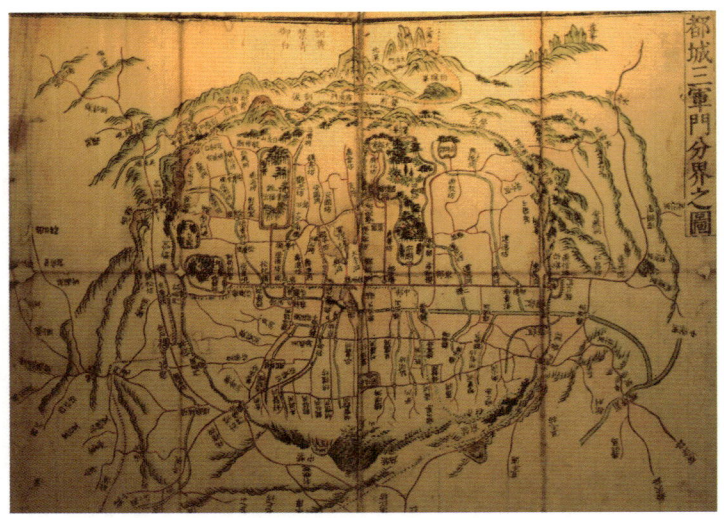

도성삼군문분계지도[都城三軍門分界地圖]
조선 후기 영조 때 한양의 방어를 위한 목적으로 제작된 지도로 경복궁의 위치를 확인할 수 있다.

한양 천도와 경복궁

고려를 무너뜨리고 조선을 건국한 이성계는 제일 먼저 천도에 관심을 기울였다. '새 술은 새 부대에 담아야 한다'는 생각 때문이었다. 이성계는 먼저 무학대사에게 도읍지가 될 만한 터를 알아보게 했다. 그러나 마땅한 곳이 나타나지 않았다.

어느 날 무학대사가 길을 걷고 있는데 소를 타고 지나가던 노인이 '여기서 동북쪽으로 십 리를 더 가시오'라고 말을 건넸다. 노인의 말대로 십 리를 더 갔더니 과연 도읍지가 될 만한 터가 있었다. 바로 지금의 경복궁 터였다. 그때 '십 리를 더 가라'는 말에서 생긴 지명이 지금의 서울 왕십리[往十里]다.

무학대사의 청에 따라 이성계는 1394년 한양으로 천도할 것을 결정하고, 9월 초 '신도궁궐조성도감'을 만들었다. 3개월여의 준비를 마치고 12월 초 공사가 시작되었다. 이성계는 궁궐 공사가 한창이던 10월 하순 신하들과 함께 한양으로 자리를 옮겼다. 아직 궁궐이 완성되지 않았기 때문에 이성계는 임시 거처인 '한양부 객사'에서 나랏일을 보았다. 공사를 시작한 지 10개월여 만인 1395년 9월. 드디어 경복궁이 완공되면서 태조 이성계는 정식으로 그곳에서 나랏일을 보기 시작했다.

'경복궁'이라는 이름이 갖는 의미

새로운 나라의 기틀을 잡으려 했던 조선에서 궁궐은 매우 중요한 장소였다. 나라의 으뜸인 왕이 거주하며 나라의 정사를 살피는 공간이기 때문이었다. '경복궁'이라는 이름은 조선 창업에 큰 공을 세운 정도전이 지은 것이다. 그는 학자이자 정치가로서 이성계를 도와 조선을 건국하는 데 일익을 담당한 인물이다. 그는 10월 초 열린 궁궐 경축 연회에서 이렇게 말했다.

"시경 '주아' 편에 '이미 술에 취하고 덕에 배부르니 군자 만년 그대의 큰 복을 도우리라(旣醉以酒 旣飽以德 君子萬年 介爾景福-기취이주 기포이덕 군자만년 개이경복)'는 대목이 있사옵니다. 하여 새 궁궐의 이름을 '경복'이라 하면 어떨까 하옵니다."

태조가 정도전의 의견을 받아들여 새로 지어진 궁궐의 이름이 경복궁이 된 것이다.

경복궁 설경 눈이 내린 날의 경복궁 모습. 뒤쪽에 흐릿하게 보이는 산이 북악산(백악)이다.

총독부 건물 철거 전   　　　　　　　총독부 건물 철거 후 경복궁 모습

경복궁 화재

나라에서 가장 중요한 건물 중 하나가 바로 궁궐이다. 조선 제1의 궁궐이었던 경복궁. 흔히 임진왜란 때만 불이 난 것으로 알고 있지만, 사실은 그 이전에도 화마에 휩싸인 적이 있다. 중종 38년인 1543년에 화재로 인해 동궁[東宮]이 소실됐으며, 명종 8년이던 1553년에는 내전 일곽에서 일어난 불에 수많은 전각들이 사라졌다. 1년여 동안의 복구공사 끝에 경복궁은 다시 제자리를 찾는 듯 했다. 그러나 38년 뒤인 1592년의 임진왜란으로 경복궁은 다시 한 번 불길에 휩싸였다. 이 당시 화재 원인에 대해서는 여러 가지 설이 있다. 조선왕조실록에는 선조 임금이 의주로 도망치듯 피난을 가자 분노한 백성들이 불을 질렀다고 기록되어 있다. 그러나 일본의 종군 승려가 쓴 기록을 보면, 한양에 입성한 왜군이 먼저 불을 질렀을 가능성이 크다고 말하고 있다. 과연 어느 기록이 사실인지에 대해서는 더 많은 연구가 필요하다.

임진왜란 때는 모든 전각이 불에 탔다. 이후 흥선대원군이 다시 중건을 하기까지 273년 동안 경복궁은 폐허로 남아 있었다. 이후에도 경복궁의 화재는 그치지 않았고, 1876년 또 한 번의 화재로 건물 800여 칸이 불에 타고 말았다.

경복궁 중건의 역사

경복궁의 중건은 궁궐 화재와 밀접한 관계가 있다. 중종과 명종 때는 화재 후 곧바로 복원 공사에 들어가 곧 제자리를 찾았으나 임진왜란으로 경복궁이 불에 탔을 당시에는 바로 복구를 하지 못했다. 여러가지 이유가 있었지만, 가장 큰 이유는 중건 자금이 부족하다는 것이었다. 워낙 큰 공사이다 보니 여러 왕들이 중건 계획을 세우기도 했지만, 실행에 옮기지는 못했다. 그러다가 흥선대원군이 집권을 하면서 왕권과 역사를 바로 세우기 위해 중건에 돌입한 것이다.

그러나 경복궁은 일제강점기를 거치면서 다시 처참하게 일그러졌다. 일제가 건물을 무너뜨리고 총독부를 지으면서 경복궁은 옛 모습을 잃어갔다. 이에 우리 정부는 1990년 민족정기를 되살리고 역사를 바로잡는다는 취지하에 40년간을 목표로 복원공사를 진행 중이다.

경복궁의 풍수지리

해치상
경복궁의 정문인 광화문 앞에 있는 해치상. '정의', '안전', '안전을 지키는 수호신'이라는 의미를 가지고 있다.

조선은 한양 천도를 결정하면서 경복궁의 위치와 방향 때문에 설전을 벌여야 했다. 설전의 중심에는 무학대사와 정도전이 있었다. 풍수지리에서 건물이 어느 쪽을 바라보느냐는 매우 중요한 문제다.

승려이며 풍수전문가였고 예언가라고 전해지는 무학대사는 인왕산을 주산으로 삼아 궁궐이 동쪽을 바라보아야 왕조가 번성할 것이라고 주장했다. 인왕산을 주산으로 왼쪽에 북악산, 오른쪽에 목멱산(남산)을 두어야 한다는 것이었다.

그러나 유학자이자 정치가였던 정도전은 역사 이래 대부분의 왕들이 남쪽을 향해 궁궐을 짓고 정사를 보았다고 주장했다. 그러면서 북악산을 주산으로 삼아 그 아래 궁궐을 지어야 하며, 왼쪽에 낙산(좌청룡)을, 오른쪽에 인왕산(우백호)을 거느려야 한다고 주장했다.
이성계가 정도전의 손을 들어주면서 경복궁은 북악산 아래에 지어지게 되었다. 정도전의 계획대로 궁궐이 지어지자 무학대사는 200여년 후에 큰 전란이 있을 것이라고 예언했다고 한다. 그의 예언이 맞은 것일까? 실제 조선은 1592년 일본의 침략을 받아 전란에 휩싸였다. 이후에도 경복궁은 270여년 동안 중건이 되지 못했는데, 물론 나라 살림이 넉넉하지 못한 탓도 있었지만, 풍수지리상 터가 좋지 않아 중건이 되지 못했다는 이야기도 공공연히 전해졌다. 불을 먹고 산다는 전설 속의 동물인 해태상을 광화문 앞에 배치한 것과 창덕궁의 소방 설비도 이런 풍수지리상의 약점을 조금이라도 보완하기 위한 노력이었다고 전해진다.

경복궁에서 일어난 왕자의 난

조선의 제3대 왕 태종. 그가 왕위에 올라 주로 머문 궁궐은 경복궁이 아니라 창덕궁이다. 그는 왜 아버지가 지은 조선 제1의 정궁에서 나랏일을 보지 않았을까?
여기에는 그가 왕의에 오르기까지 흘린 수많은 이들의 피가 묻어 있기 때문이라는 것이 정설이다. 이방원은 고려시대부터 조선을 건국할 때까지 왕자들 중 가장 많은 공을 세운 인물이다. 당연히 왕위에 대한 욕심도 매우 컸으며, 왕실에서도 큰 세력권을 형성하고 있었다.
그러나 태조 이성계는 적자인 방원 형제들을 무시한 채 계비와의 사이에서 태어난 방석을 세자로 책봉했다. 이에 불만을 가지고 있던 이방원은 1차 왕자의 난을 일으켰고, 왕세자는 물론 방석을 세자로 책봉하는 데 큰 역할을 했다고 생각했던 정도전까지 제거했다.
1차 왕자의 난 이후 태조 이성계는 한양이 싫다며 개경으로 재천도했지만, 이방원은 그곳에서 발생한 2차 왕자의 난까지 제압한 뒤 정종의 뒤를 이어 양위의 형식으로 왕위에 오른다. 그 후 다시 한양으로 천도했다. 하지만 경복궁에 머물지는 않았다. 표면적인 이유는 경복궁의 위치가 풍수지리로도 좋지 않다는 것이었다. 하지만 진짜 이유는 자신이 왕자의 난을 일으켜 이복동생들은 물론 정도전까지 죽인 곳이 경복궁이었으니 그곳을 마다하고 창덕궁에 머무른 것이다.

1장.

시대의 화두, 경복궁을 중건하라!

세도정치에 신음하는 조선

세도정치의 핵심, 서원을 철폐하다

경복궁 중건의 두 얼굴

무너진 조선의 세금제도

인재등용

1. 시대의 화두, 경복궁을 중건하라!

강력한 왕권이 형성되었던
그 시대로 돌아가고 싶은 게 흥선대원군의 솔직한 심정이었다.
대원군은 그 방법 중 첫 번째가 바로 사라져버린
경복궁을 다시 짓는 것이라고 굳게 믿었다.

경복궁은 조선의 상징이지!
법궁인 경복궁을 중건하면 모든 게 해결될 게야.
조선을 위해서도, 왕권을 위해서도 경복궁은 반드시 중건되어야 해!

　　흥선대원군은 집권하기 이전, 조선[朝鮮]이 어려움을 겪고 있는 원인을 왕의 권위가 땅에 떨어진 데서 찾았다. 왕조시대 왕의 권력은 하늘만큼 높아야 했다. 왕의 말 한마디면 나는 새도 떨어져야 했다. 그것이 진정한 왕의 권력이었다.
　　그러나 정조가 세상을 떠난 이후 왕의 권위는커녕 왕이라는 이름조차 무색할 정도였다. 명색이 영조대왕의 현손인 흥선군으로서는 그런 상황을 이해할 수가 없었다. 안타깝기까지 했다. 물론 갑자기 왕위를 이어받은 어린 왕들과 왕실 최고 어른들의 수렴청정이 제대로 이뤄지지 않은 것도 원인일 터였다.
　　어린 왕들은 물론 수렴청정의 당사자인 왕실 최고 어른도 정치 경험이 없기는 마찬가지였다. 사정이 이렇다 보니 의지할 세력이 필요했고, 가장 가까운 친척들을 끌어들이는 수밖에 없었다. 그렇게 등장한 세력이 바로 안동 김씨 가문이었다.
　　안동 김씨 세력이 정권의 핵심에 포진하면서 왕의 권위는 가라앉을 수밖에 없었다. 안동 김씨를 중심으로 한 대신들과 비변사가 전권을 장악했기 때문이었다. 나라가 안동 김씨 세도가들에게 휘둘리다 보니, 흥선군의 눈에 조선은 방향을 잃고 침몰 일보 직전의 돛단배처럼 위태로워 보였다. 그럴 즈음 그의 눈에 들어온 곳이 바로 빈 터만 남은 경복궁[景福宮]이었다.

'경복궁은 조선의 상징이지! 법궁인 경복궁을 중건[重建]하면 모든 게 해결될 게야. 조선을 위해서도, 왕권을 위해서도 경복궁은 반드시 중건되어야 해!'

흥선대원군은 집권 후 곧바로 세도정치의 핵심에서 밀려나 있던 대신들과 함께 터만 남아 있는 경복궁으로 갔다.

"영상대감, 왕실의 존엄은 무엇으로 상징된다고 생각하시오?"

"그야 당연히 궁궐입니다. 그것도 웅장하고 장엄해야 합니다. 그런데 지금은……. 경복궁이 폐허가 된 지 벌써 300여 년이 가까워옵니다. 많은 선대왕들이 경복궁을 다시 짓기 위해 애를 썼지만 뜻을 이루지 못했습니다. 나라가 태평할 때는 태평한 대로, 어지러우면 또 어지러운 대로 그냥 폐허처럼 버려졌습니다. 게다가 또……."

🔹 **종친부**
종친은 국왕의 일가친척을 일컫는 말이다. 종친부에서 주로 했던 일은 역대 왕들의 계보와 초상화를 보관하는 것이었으며, 왕과 왕비의 의복을 관리하고, 왕의 친척들을 관리하던 관청이다.

종친부 건물 경복궁의 동문인 건춘문 맞은편 국립현대미술관 서울관 옆에 있다.

시대의 화두, 경복궁을 중건하라! 27

조두순 [趙斗淳]

1796년(정조 20) ~ 1870년(고종 7). 조선 후기의 문신. 삼군부[三軍府]를 부활시켰고, 경복궁 중건, 그 외에도 조선 후기 〈대전회통〉을 포함한 왕실 간행물 편찬 등을 지휘해 대원군과 함께 세도정치 기간 중 실추된 왕권을 강화하는 데 힘썼다.

세도정치

왕의 위임을 받아 정권을 잡은 특정인과 그 추종 세력에 의해 이루어지는 조선의 정치 형태.

"또 무엇입니까?"

"옛날부터 풍수지리상 경복궁의 터가 좋지 않다는 이야기도 많이 있었습니다. 이런 이유 때문에 중건이 계속 미뤄져 오늘까지 온 것입니다."

영의정[領議政]인 조두순은 흥선대원군에게 자신의 생각을 말했다. 흥선대원군은 그 자리에서 대신들에게 경복궁을 중건하겠노라고 선언하지 않았다. 그러나 대신들은 알고 있었다. 흥선대원군이 경복궁 중건에 나서기 위한 마음을 보이기 위해 온 것임을.

흥선대원군이 종친부의 한직을 떠돌며 세도정치의 칼날을 피해 숨죽여 지내던 때부터 내내 뇌리에 박혀 있던 것은 왕실의 권위가 땅에 떨어져 있으며, 이를 바로 일으켜 세우지 않고는 나라도 바로 설 수 없다는 생각이었다.

또한 조선의 왕권이 허약해진 가장 큰 원인은 안동 김씨의 세도정치[勢道政治]와 삼정[三政]의 문란 때문이라고 믿었다. 왕이 강력한 힘으로 나라를 다스리지 못하니 세도정치가 판을 쳤고, 세도정치가 판을 치다 보니 강력한 왕권을 위해 꼭 필요한 국가 재정이 부족했는데, 이를 충당해야 할 조선의 세금제도(삼정)가 무너져 내린 탓이라고 생각했다.

나라가 바로 돌아가고 미래를 위해 나가려면 무엇보다 왕권이 강해야 했다. 왕권이 강했을 때 나라가 평안했고, 백성들도 비교적 풍족했다. 조선 초 태종이나 세종대왕, 조선 후기의 영조대왕이나 정조대왕 시절이 그렇지 않았던가.

강력한 왕권[王權]이 형성되었던 그 시대로 돌아가고 싶은 게 흥선대원군의 솔직한 심정이었다. 대원군은 그 방법 중 첫 번째가 바로 사라져버린 경복궁을 다시 짓는 것이라고 굳게 믿었다.

조선 건국[建國] 당시의 모습 그대로, 임진왜란[壬辰倭亂]으로 불타 없어지기 전의 모습으로, 선대왕들이 국정을 논했던 모습 그대로 다시 경복궁을 짓는다면 조선은 다시 국체를 바로 세우고 부국강병을 이룰 수 있을 것이며, 백성들이 잘 먹고 잘 사는 태평한 나라로 다시 올곧게 설 수 있을 것이라고 생각했다.

경복궁이 조선의 상징에서 멀어진 건 이미 까마득히 오래된 일이었다. 임진왜란 때 불에 타버렸으니 햇수로 벌써 270년이 넘고 있었다. 왜 선대왕들이 경복궁을 다시 짓지 않았는지는 중요하지 않았다. 지금 조선을 다시 조선답게 만들고, 왕을 왕답게 만드는 유일한 방법은 경복궁을 다시 짓는 것이라고 확신했다.

1865년 3월, 의정부[議政府] 건물을 개보수 할 때였다. 우물을 수리하던 중 물속에서 둥근 모양의 돌덩이가 나왔다. 그런데 그 돌의 한 쪽에 이런 글이 새겨져 있었.

'계해년 말 갑자 초에 새 임금이 왕위에 오르나 후사가 끊기니 어찌 두렵지 아니한가? 경복궁을 다시 세우면 자손이 끊임없이 이어질 것이다. 만약 이를 알리지 않고 지나치면 나라의 역적이니라. 을축년 3월 우물을 고칠 때 이 돌이 반드시 세상 밖으로 드러날 것이다.'

뜬금없는 돌덩이의 등장에 조정이 술렁였다.

계해년 말 갑자 초는 철종이 승하하고, 12살의 고종이 등극하던 해다. 또한 마지막의 을축년 3월은 경복궁 중건이 시작되던 1865년 3월이었다.

물론 이 사건은 흥선대원군이 부하를 시켜 치밀하게 꾸민 일이었다. 이처럼 흥선대원군은 경복궁 중건에 대한 명분을 조작하면서까지도 경복궁 중건에 사활을 걸었던 것이다.

경복궁 중건의 당위성까지 확보한 대원군은 신정왕후와 협의해 곧바로 경복궁 중건 준비에 들어갔다. 그래서 만들어진 기관이 바

의정부[議政府]

의정부는 조선시대 최고 정책 결정 기관이다. 의정부에 참석할 수 있는 사람은 영의정·좌의정·우의정 등 3정승이었으며, 의정부에서 결정된 내용은 행정 실무를 담당하는 6조에게 전달되어 시행되었다. 조선 중기 이후 비변사가 그 기능을 담당했으나 조선 말기 흥선대원군 시대에 다시 부활해 그 권한이 회복되었다.

육조

고려와 조선에서 행정을 각각 분담해 집행했던 여섯 개의 중앙 관서를 가리키는 것으로 현대의 중앙 행정기관의 역할을 수행했다. 이조는 인사행정을, 예조는 교화[敎化] 행정을, 병조는 군사 행정을, 형조는 법률 행정을, 공조는 공영[工營] 행정을 관리했다.

로 '영건도감[營建都監]'이었다. 이제 영건도감에서 모든 책임을 지고 경복궁 중건에 나설 것이었다.

경복궁 중건에 문제가 없는 것은 아니었다. 가장 큰 문제는 중건 자금이었다. 민란[民亂]과 흉년 등으로 나라 재정은 넉넉하지 못했지만, 일정액은 나랏돈으로 충당을 해야 했다. 어려운 시기에 경복궁 중건이 웬 말이냐며 반대와 비난이 거세게 일었다. 그래도 대원군은 물러서지 않았다.

"나라 재정과 별도로 왕실에서도 내탕금을 낼 것이오. 대신들은 물론 벼슬아치들과 백성들도 경복궁을 중건하는 데 도울 수 있도록 하면 되지 않겠소? 능력이 되는 만큼, 원하는 만큼 내게 한다면 문제가 없을 것이오."

이것이 바로 원납전[願納錢]이라는 것이다. 누구나 원하는 만큼 기부금을 내게 한다는 계획이었다.

"경복궁을 다시 짓는 것은 온 나라 백성들이 소원하는 바라 생각하오! 우리 조선의 역사를 다시 세우고자 하는 일이니 모두 협조해줄 것이라 생각하오. 특히 백성들 중 원납전을 많이 내는 사람에게는 벼슬을 내릴 것이오!"

시도는 좋았지만 원하는 만큼의 원납전은 들어오지 않았다. 나중에는 왕족이나 종친, 양반, 부잣집 등을 골라 강제로 원납전을 걷어야 할 정도였다. 원하는 만큼 내는 돈이 아닌 원망하면서 내는 돈이라는 소리가 나온 것은 그 때문이었다.

조정의 절대 세력이었던 안동 김씨 역시 마지못해 원납전을 냈다. 자신들이 모든 것을 좌지우지할 때는 어떻게든 버텼겠지만, 조선의 최고 권력자가, 그것도 나라의 얼굴인 경복궁을 다시 짓는다는 데 모른 체 할 수는 없는 노릇이었다. 자신들이 휘둘렀던 권력이 흥선대원군이라는 인물의 등장으로 조금씩, 아주 조금씩 떨어져 나가고

신정왕후
1808년(순조 8) ~ 1890년(고종 27). 후에 익종[翼宗]으로 추존된 효명세자의 비. 고종이 어린 나이에 즉위해 1866년까지 4년 동안 수렴청정을 했으며, 정치의 실질적인 권력은 흥선대원군에게 넘겨주었다.

영건도감
영건도감은 조선시대 궁궐이나 성곽 등을 건설할 때 공사를 총괄하던 임시 관청이다. 공사의 종류에 따라 영건도감, 중건도감, 중수도감 등으로 부르기도 했다. 조직으로는 도감의 책임자인 도제조를 두고, 그 밑에 제조와 낭청 등을 두어 공사를 진행할 수 있게 했다.

있었다.

그렇게 해서 경복궁 중건을 위한 원납전은 꽤 많이 들어왔고, 중건을 시작하던 1865년 한해에만 자그마치 500만 냥의 돈이 모였다.

"조두순 대감과 김병학 대감이 영건도감의 도제조를 맡아 진행하도록 하세요. 나는 물론, 왕실도 뒤에서 힘을 보탤 것이오."

경복궁 중건 대역사의 첫 삽을 뜨던 날, 모두가 기뻐했지만 안동 김씨 세력들은 마음대로 박수를 치지 못했다. 가시방석에 앉아 있는 것처럼 앞날이 불안하기 때문이었다.

경복궁 중건은 그렇게 시작되었다. 흥선대원군은 가끔 직접 공사 현장으로 나가 상황을 돌아보고 건물이 지어지는 모습을 살폈다.

경복궁은 조금씩 조금씩 건설되고 있었다. 물론 중간에 사고도 많았다. 공사 중에 두 번이나 대형 화재가 발생하기도 했고, 나무가 없어 오래된 남의 선산에서 베어오기도 했다. 공사 도중에 사고로 세상을 떠난 사람들도 있었다. 또 재원이 부족해 공사 초기 원납전을 거두기도 했으며, 당백전을 발행하기도 했다. 시도 때도 없는 사건 사고가 대원군을 옥죄었지만 그는 멈추지 않았다. 아니 멈출 수가 없었다.

'이렇게라도 진행하지 않으면 조선을 바로 세울 수가 없지! 초지일관! 어떤 일이 있어도 반드시 밀어붙여 조선의 법궁인 경복궁을 완성할 게야!'

내탕고와 내탕금

내탕고는 조선시대 왕의 개인적인 재산과 재물, 돈 등을 보관하던 창고를 말하는 것이며, 내탕금은 왕이 개인적으로 쓰던 돈을 말한다. 물론 내탕고의 재물들은 왕 개인의 소유였지만 나라를 위해 쓰기도 했다. 특히 천재지변이나 각종 재해와 기근이 있을 때는 그 재물로 백성을 구제하거나 구휼하는 등 다양한 용도로 사용했다.

조선의 조세제도

조선의 조세제도

새로운 나라 조선은 국민 대부분을 차지하는 농민들과 양인들에게 부과된 세금으로 운영되었다. 조선을 운영하는 데 필요한 세금제도로는 경작 토지에 부과한 '전세[田稅]', 지역 특산물로 납부하는 '공납[貢納]', 그리고 국방의 의무를 대신한 '군역(軍役, 직접 복무를 하는 대신 부과된 세금)'으로 구성되었다.

특히 군역은 군역과 요역으로 구분했는데, 군대에 소집되어 직접 국방의 의무를 이행하는 대신 납부하는 군역과 국가의 토목공사나 지방의 각종 공사에 동원되어 노동력을 제공하는 요역으로 구분되었다. 이에 더해 조선 중기 이후에는 구휼사업의 일종으로 환곡제도도 시행되어 국가 재정수입의 일부로 편입되었다.

토지에 대한 세금, 전세

전세는 쉽게 말하면 농민이 가지고 있던 토지에 대해 세금을 내던 제도다. 조선 초기의 전세 제도는 고려 말기 '과전법'(전·현직 관리 모두에게 월급 대신 토지를 지급해 관리들이 그 토지에서 세금을 대신 받아 월급으로 쓰게 하는 제도)의 조세 규정을 그대로 따랐다. 다만 토지를 세 등급(땅이 좋고 나쁨에 따라 구별)으로 나누어 세금을 부과했다. 과전법에서는 토지 1결의 세금을 수확량의 10분의 1에 해당하는 30말로 정했다. 그러나 관원이 직접 들에 나가 추수기에 수확량이 얼마나 되는가를 살펴보고 세금액수를 줄여 주기도 했다. 이 과전법이 조선시대 세종 때는 공법으로 바뀌었다.

'공법'은 토지의 비옥도와 풍·흉년에 따라 등급을 나누어 세금을 내게 한 제도로 토지를 6등급(전분 6등법)과 9등급(연분 9등법)으로 나누어 풍년이나 흉년이냐에 따라 토지 1결당 4두~20두를 거두었다. 공법을 도입하는 과정에서 세종은 오늘날의 여론조사와 같이 직접 관원과 농민들에게 의견을 물어 시행했다. 그 이후에도 조정에서 충분한 논의를 거친 다음에 실시했지만, 내용이 복잡한데다 토지마다 수확량을 일일이 파악해야 하는 번거로움 때문에 일부 지역에서 시행이 되다가 폐지되었다. 결국 17세기에 들어서면서 영정법으로 바뀌었다.

'영정법'은 인조 때인 1635년에 실시된 전세법으로 임진왜란을 겪으면서 삶이 어려워지고, 경작 가능한 땅도 줄어들자 도입한 제도다. 토지의 비옥도에 따라 세금의 양이 달랐으나 실제로는 1결당 4두로 거둬들였다. 그러나 대부분의 농민들이 토지를 소유하지 못해 실제 효과는 크지 않았다. 조정은 부족한 세수를 채우기 위해 다양한 명목의 수수료나 운송비 등을 추가로 징수하면서 오히려 농민들의 부담만 늘어나게 되었다. 이러한 단점을 메우기 위해 숙종 때는 미리 징수할 세금 액수를 정해놓고, 지역마다 할당을 해 거두는 '비총법'이 시행되었다. 비총법은 영조 때 법으로 정해져 대한제국 이전까지 시행되었다.

공납제도

공납제도는 각 지역에서 나는 토산물 또는 특산물을 현물로 내게 하여 국가에서 필요한 수요품을 조달하는 제도를 말한다. 조선 초기에는 토지 소유에 상관없이 각 가정을 기준으로 토산품을 징수했다. 공납에는 세가지 종류가 있었는데, '상공'과 '별공', '진상'이 그것이다.

상공은 가정에서 만드는 수공업품이나 꿀, 기름, 과일, 동물가죽, 어물 등을 징수하는 것을 말하며, 별공은 특별한 일이 있을 때 나라에 바치는 토산품이다. 마지막으로 진상은 지방관이 왕에게 선물로 바칠 때 자신이 다스리는 지역의 토산품을 바치는 제도다. 그러나 진상품의 경우 원래 지방관이 해결해야 했지만, 실제로는 농민들이 떠맡아야 했다. 공납제도는 시간이 지나면서 변질되기 시작해 그 지역에서 생산되지 않는 품목을 할당하는 일이 빈번해졌다.

또 지방 관리들이 농사짓기에 바쁜 농민들을 악용했는데, 자신들이 특산물을 사서 바치고, 그 값을 농민들에게 받는 방납제도가 그것이다. 그러나 관원들은 원래 가격보다 농민들에게 더 많은 돈을 받음으로써 착복을 하는 경우가 허다했다. 공납제도가 지방관들의 착취와 백성들의 부담으로 변질되자 1608년 전국적으로 대동법을 시행하게 되었다. '대동법'은 공납의 여러 폐해를 고친 세금제도로 공물 대신 쌀이나 무명, 또는 화폐로 내게 하는 제도다. 임진왜란 이후 축소된 경작지와 황폐화된 농업 기반으로는 도저히 감당하기 어려운 공납제도의 부조리를 해결하고, 동시에 전후 복구 사업에 필요한 안정적인 세수 확보를 위해 오랜 기간 검토와 시험 실시 이후 전국으로 확대되었다. 대동법이 잠깐이나마 농민 생활에 안정을 준 것은 사실이지만, 진상이나 별공은 여전히 남아 시일이 지나면서 농민들의 삶은 고단할 수밖에 없었다.

국방의 의무보다 힘든 군역과 요역

'군역'은 조선시대 16세에서 60세까지의 모든 남성들에게 부과된 제도다. 요즘의 국방의 의무와 같은 것이라고 생각하면 된다. 조선의 군사제도는 양인개병[良人皆兵]과 병농일치[兵農一致]를 근간으로 하고 있다. 즉 정규 군인을 제외한 일반 장정들은 군사 일과 농업을 함께 했다. 정규 군인들을 정군이라고 했으며, 평소에는 농사를 짓다가 훈련을 받거나 전쟁이 있으면 군대에 소집되는 장정들을 보인이라고 불렀다.

정군은 직업군인이기 때문에 세금을 내지 않았지만, 보인들은 군대에 가지 않는 대신 일정 비용을 세금으로 내야 했다. 보인으로 편성된 장정들은 매년 일률적으로 2~3필의 군포를 내야 했다. 그러나 군포를 징수하는 관청이 하나로 통일되지 못했고, 군적도 제대로 정비되지 않아 농민들은 이중 삼중으로 군포를 부담하는 경우가 많았다. 여기에 더해 수령과 아전들이 농간을 부려 죽은 사람은 물론 이웃 사람, 어린이까지 군적에 등록해 세금을 징수했다. 참다못한 농민들은 군역을 피하기 위해 떠돌이가 되어 도망을 다니기까지 했다. 이러한 군역의 폐해를 막기 위해 새로 도입된 제도가 바로 균역법[均役法]이다.

균역법이란 '균등하게 군역을 지게 하는 법'이라는 뜻이다. 균등하게 하기 위해 먼저 농민들의 무거운 부담을 덜어 주었는데, 1년에 군포 1필만 부담하게 했다. 군포 수입이 줄자 이를 보충하기 위해 토지 1결당 2두의 쌀을 부과하는 전세로 전환되기도 했다. 아무튼 균역법의 시행으로 농민들에게 지워진 군포에 대한 부담이 줄면서 불만도 다소 누그러진 것은 사실이다. 그러나 토지에 부과되는 세금이 다시 소작농에게 전가되면서 군역은 다시 문란해졌고, 농민들의 어깨 역시 그만큼 무거워질 수밖에 없었다.

'요역' 역시 국가가 16세에서 60세까지의 양인 남자에게 노동력 제공을 부과하는 것으로 중앙이나 지방의 토목 공사 등에 동원되었다. 요역 일수는 1년에 6일 이내로 규정되어 있었지만 실제로는 지켜지지 않았다. 고을에 일이 있을 때는 관아에서 임의로 백성들의 노동력을 강제로 동원하는 일이 많았다. 요역은 군역과 같이 장정들이 졌던 부역이었기 때문에 대동법이 실시되면서는 현물을 내기 시작하면서 대동세, 잡역세라는 이름으로 바뀌어져 갔다.

호패법과 오가작통법

요즘도 그렇지만 조선시대에도 세금을 내지 않기 위해 온갖 방법을 동원하는 사람들이 있었다. 이를 막기 위해 조정에서는 아주 특별한 제도를 만들었다. 바로 '호패법'과 '오가작통법'이었다. 호패법은 농민들이 마음대로 마을을 떠날 수 없도록 하기 위해 만든 것으로, 지금의 주민등록제도와 같은 신분증명제도다. 16세 이상의 남자는 모두 호패를 차고 다녀야 했다. 또 '오가작통법'이란 다섯 가구를 하나의 공동체로 묶어 공동으로 책임을 지게 하는 제도다. 만약 한 집이 세금을 내지 않고 도망을 치면 나머지 네 집에서 도망친 집의 세금까지 내게 하는 제도였다. 나라 살림을 하는 조정에서 보면 좋은 제도였지만, 백성들의 입장에서 보면 무섭고 잔인한 세금제도였다고 할 수 있다.

2. 세도정치에 신음하는 조선

원래 세도정치는
'정치는 널리 사회를 교화시켜 세상을 올바르게 다스리는 도리'라는
이상적인 의미를 가진 말이었다.
'세상 가운데의 도리인 세도를 실현하는 정치'로
현실 세계의 책임을 아는 자가 정치를 주도해
세상을 올바르게 다스린다는 뜻이었다.

조선 후기에 들어서면서 세도정치 본래의 의미는 퇴색하고,
특정 가문의 세력이 권력을 쥐고
정치가 이루어지는 형태로 변질되었다.
그러다보니 왕권은 없는 것이나 마찬가지였다.

> **대리정치제도**
> 조선시대에는 왕이 어리거나 급박한 일이 있을 때 대리로 정치를 하는 제도가 있었다. 바로 수렴청정과 대리청정이다. 수렴청정은 나이 어린 왕이 즉위했을 때 일정기간 동안 왕대비나 대왕대비가 국정을 대신해 처리하는 일을 말한다. 대리청정은 왕이 병이 들거나 나이가 들어 나랏일을 제대로 볼 수 없을 때 세자나 세제(왕의 동생)가 대신 정사를 돌보는 것이다.

경복궁 중건 현장에서 박수조차 칠 수 없었던 안동 김씨들은 대체 누구일까? 조선 후기의 역사는 세도정치의 시대라고 해도 과언이 아니다. 그 중심에 있던 세력이 바로 안동 김씨 가문이었다.

원래 세도정치는 '정치는 널리 사회를 교화시켜 세상을 올바르게 다스리는 도리'라는 이상적인 의미를 가진 말이었다. '세상 가운데의 도리인 세도[世道]를 실현하는 정치'로 현실 세계의 책임을 아는 자가 정치를 주도해 세상을 올바르게 다스린다는 뜻이었다. 그러나 조선 후기에 들어서면서 본래의 의미는 퇴색하고, 특정 가문의 세력이 권력을 쥐고 정치가 이루어지는 형태로 변질되었다. 그러다보니 왕권은 없는 것이나 마찬가지였다.

조선시대 세도정치가 본격적으로 막이 오른 것은 순조 때였다. 1800년 정조가 의문의 죽음을 맞으면서 왕권은 아들인 순조에게 넘어갔다. 그러나 순조는 겨우 11살이었다. 그래서 할머니인 정순왕후가 수렴청정[垂簾聽政]을 하게 되었다. 나이 어린 왕이 등극하면 왕실의 최고 어른이 수렴청정을 하는 것이 조선의 관례였다.

정순왕후의 등장이 안동 김씨의 세도정치를 부채질한 것은 아닐까? 원칙적으로 조선 왕실의 왕비나 대비 등은 정치 전면에 나서지 않았다. 나선다 해도 왕에게 조언을 하는 정도에 그쳤다. 정치에 관여를 하지 않던 이들이 국정을 통째로 맡는 것은 쉬운 일이 아니었다. 그러나 관례이자 법이기 때문에 어린 왕을 대신해 전면에 나설 수밖에 없었다.

이러한 왕실의 관례는 정치적 판단을 요구하는 모든 일에서 필연적으로 누군가의 도움을 받게 만드는 구조였다. 결국 수렴청정의 당사자들인 대비들은 자신의 외척들을 요직에 앉혀 그들과 의논을 하며 주어진 기간 동안 국정을 운영할 수밖에 없었다.

순조의 장인은 김조순[金祖淳]으로, 그는 정조대왕의 유언을 받아 순조를 모셨다. 김조순은 왕비의 아버지로서 최선을 다해 어린 왕을 도왔다. 순조 등극 초기 김조순은 수렴청정을 하던 정순왕후를 도와 국정을 이끌었다. 그리고 3년 후 정순왕후가 수렴청정을 거두자 기다렸다는 듯 권력욕을 드러내고 정치 전면에 나섰다. 안동 김씨의 세도정치가 시작된 것이다.

세도정치의 시작을 알린 김조순은 조선 중기 절개와 지조로 유명한 김상헌의 후손으로 한양에서 큰 가문을 이룬 집안이었다. 덕분에 한양에서도 가장 잘 나가는 집안이었고, 대대로 높은 벼슬을 지냈다. 김조순 역시 과거를 거쳐 중용된 인물이었다.

정순왕후가 수렴청정을 거두면서 조선의 모든 권력은 순식간에 김조순의 손으로 넘어왔다. 놀라운 것은 순조, 헌종, 철종 등 3대 임금의 왕비가 모두 안동 김씨라는 점이었다. 그러다보니 왕을 제외하고 조정의 모든 요직은 안동 김씨로 채워질 수밖에 없었다. 안동 김씨의 세력이 비대해진 것은 어찌보면 당연한 일이었다.

강화도에서 농사를 짓다 왕이 된 인물이 바로 철종이다. 헌종에겐

정순왕후
1745년(영조 21) ~ 1805년(순조 5). 조선 제21대 왕 영조의 계비[繼妃]. 경주 김씨[慶州 金氏]로 영조의 정비 정성왕후[貞聖王后] 서씨[徐氏]가 죽은 뒤, 1759년(영조 35)에 왕비에 책봉되었다.

은언군 묘비
철종의 할아버지인 은언군은 영조의 손자이자 정조의 이복동생이기도 하다. 그의 묘비는 천주교 절두산 순교성지 안에 있다.

신유박해
신유박해는 1801년 순조가 즉위하던 해 일어났던 천주교 탄압 사건이다. 당시 정권을 잡은 쪽은 시파로 남인 계열이었다. 벽파가 시파를 몰아내고 정권을 잡기 위해 일으킨 사건이 바로 신유박해다. 시파와 벽파는 노론에서 갈라진 세력으로 사도세자를 죽여야 한다는 강경파가 벽파이며, 그 반대쪽에 있던 사람들이 시파다. 정조대왕이 죽으면서 정권을 잡은 정순왕후가 벽파와 함께 일으킨 사건이다.

후사가 없었기 때문에 왕족 중 한 사람을 골라 왕위에 앉혀야 했다. 이 과정에서 안동 김씨 세력들은 자신들이 마음대로 조종할 수 있는 인물을 골랐다. 그리고 역시 안동 김씨인 순원왕후에게 수렴청정을 하게 했다. 그가 바로 무늬만 왕이었던 강화도령 철종이다.

철종의 할아버지는 은언군이었다. 은언군은 영조의 아들이었던 사도세자의 서자였다. 쉽게 말하면 영조의 손자이자 정조의 이복동생이다. 그러나 은언군은 1801년 일어난 신유박해[辛酉迫害] 때 노론에 의해 죽임을 당하고 말았다. 그의 아내와 며느리가 천주교 신자였기 때문이었다.

또한 철종의 이복형이었던 회평군은 1844년 중인인 민진용이라는 자가 그를 왕위에 추대하려는 역모를 꾀하지만 발각되어 사형을 당하고 말았다. 철종은 형이 역모에 연루되어 사형을 당하면서 아무 잘못도 없이 강화도로 유배를 가야 했다. 그곳에서 철종은 글도 깨우치지 못한 채 시골 농부로 살고 있었다. 5년여 정도 태평하게 농부로 살고 있을 때 그는 대왕대비의 교지를 받았다.

조정에서 그를 데려가기 위해 강화유수부의 병사들을 보내자 뒤도 돌아보지 않고 도망을 쳤다는 일화는 당시 그의 처지를 확연하게 보여주는 것이다. 그는 자신이 왕족이라는 사실조차 알지 못했고, 아전들이 나타나자 두려움에 떨고 있었던 것이다. 아버지는 물론 형까지 정치인들의 당파 싸움에 희생이 되었기 때문이다.

재미있는 것은 안동 김씨 세도가들이 왜 강화도에 유배되어 농사를 짓고 있는 사람을 왕위에 앉혔는가이다. 글자도 제대로 깨우치지 못한 일자무식의 왕족. 속담대로 그는 '낫 놓고 기역자도 모르는 사람'이었다. 더구나 그의 가족들은 몰락해 섬으로 유배를 가 있는 몸이었다. 물론 왕이 될 수 없는 위치는 아니었다. 그러나 조선에 그렇게 왕이 될 만한 사람이 없었던 것일까?

용흥궁 강화도령이라 불리던 철종이 왕으로 등극하기 전 살았던 집. 인천광역시 강화군 강화읍 관청리에 있다.

　세도가들이 일개 농부였던 일자무식의 사람을 왕으로 추대한 것에는 나름의 이유가 있었다. 세상 물정도 모르고, 글도 모르는 사람을 왕위에 앉혀야 안동 김씨들이 누리고 있던 권력과 특권을 더욱 강화하고 조선의 정치를 마음대로 요리할 수 있다는 그들 나름의 판단 때문이었다.

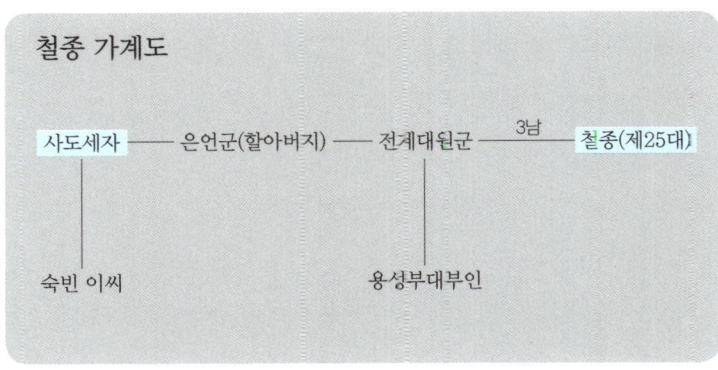

세도정치에 신음하는 조선　41

정약용[丁若鏞]

1762년(영조 38) ~ 1836년(헌종 2). 조선 후기의 실학자. 학문의 실용성과 생활에의 응용을 주장하면서 봉건제도의 각종 폐해를 개혁하려는 진보적인 사회개혁의 학문적, 철학적 기반을 제시했다.

여유당전서

조선후기 실학의 거두인 정약용의 저술을 정리해 묶은 문집이다. 활자본으로 되어 있으며, 전체 154권 76책으로 되어 있다. 여유당전서 안에 잘 알려진 '목민심서' '경세유표' '흠흠신서' 등의 방대한 저술들이 망라되어 있다.

조금 더 권력을 누리기 위해, 자신들의 손으로 조금 더 조선을 주무르기 위해 일자무식인 철종을 왕위에 앉혔던 것이다. 또한 이들은 안동 김씨인 김문근의 딸을 철종의 왕비로 들이게 했다. 달리는 말에 날개를 단 격이었다. 이것이 바로 안동 김씨 세도가들의 정치적인 횡포였다.

왕까지 함부로 농락할 정도의 권력이라면 이 세상에 그들이 못할 것은 없었다. 세도가들은 조정을 마음대로 주물렀고, 관리도 자기들 입맛에 맞는 사람들로 골랐다. 과거제도가 있었지만 형식적일 수밖에 없었다.

안동 김씨에게 뇌물을 많이 바치는 사람이 과거에 급제를 했고, 벼슬길도 열렸으며, 출세의 지름길로 인식이 되었다. 안동 김씨는 돈을 받고 벼슬을 팔기도 했다. 쉽게 말하면 안동 김씨의 사랑방이 조정의 인사는 물론 지방의 수령이나 관리들까지 결정하는 곳이 된 것이다. 오죽했으면 과거시험을 보는 것보다 뇌물을 들고 안동 김씨 집 앞에 줄을 서는 게 더 빠른 출세의 길이라고 했을까.

당시 세도 정치가들로 인한 폐해가 어느 정도였는지는 정약용의 문집인 '여유당전서' 속의 한 시인 '여름날 술을 마시며'를 보면 잘 알 수 있다.

떵떵거리는 수십 집안이
대를 이어가며 나라의 녹을 먹는다.
서로들 돌아가며 싸우고 죽이면서
약한 이를 고기 삼아 힘센 놈이 먹어 치운다.
세력을 휘두르는 대여섯 집안
재상 자리 대감 자리 모두 다 차지하고

목민심서[牧民心書] 실학자 정약용의 대표적인 저서 중 하나로 고을 수령은 물론 공무원들이 지켜야 할 도리를 잘 나타낸 책.

관찰사 절제사 완전히 차지하네.
도승지 부승지는 모두가 이들이며
사헌부 사간원도 전부가 이들이다.
이들이 모두 다 벼슬아치 노릇하며
이들이 오로지 소송 판결한다.

여기에 세도 정치에 참여하게 된 또 한 가문이 있었다. 바로 둥양 조씨였다. 순조의 아들인 효명세자의 빈이었던 조대비, 즉 신정왕후가 바로 풍양 조씨인 조만영의 딸이었다. 풍양 조씨의 여인이 효명세자의 빈이 될 수 있었던 것은 다분히 의도적이었다.

순조 역시 안동 김씨가 권력을 휘두르는 사실을 누구보다 잘 알고 있었다. 그래서 그들을 견제할 수 있는 세력으로 풍양 조씨를 끌어들인 것이었다. 원래 정치라는 것은 상호 견제 세력이 있어야 마음대로 권력을 휘두를 수 없는 것이다. 조선 후기 붕당과 당쟁이 심했지만, 그나마 조선의 정치 역사에서 의미를 갖는 것은 서로 견제를 하는 세력으로 자리를 잡았기 때문이었다.

순조는 효명세자의 빈을 안동 김씨가 아닌 풍양 조씨 중에서 골랐다. 요직을 두루 거친 조만영의 딸인 신정왕후가 효명세자의 빈으로 선택된 것은 그런 이유였다. 순조가 아들 효명세자에게 나랏일을 맡기자 자연스럽게 권력은 풍양 조씨에게 넘어갔다. 그리고 안동 김씨의 든든한 견제 세력이 되어 주었다.

그러나 잠시뿐이었다. 효명세자가 왕위에 오르기도 전에 세상을 떠나면서 권력은 다시 안동 김씨에게 넘어갈 수밖에 없었다. 견제 세력의 힘이 약해지자 안동 김씨의 세도정치는 더욱 기승을 부렸다.

이러한 세도 정치의 악순환은 나라 살림은 물론 백성들의 삶까지 송두리째 흔들었다. 계속되는 가뭄과 흉년으로 백성들의 가슴은 숯덩이처럼 까맣게 타들어갔다.

이들이 60여 년이나 정치를 쥐락펴락했기 때문에 조선 정치의 핵심 기관이었던 의정부와 6조는 이름만 남을 정도로 유명무실했다.

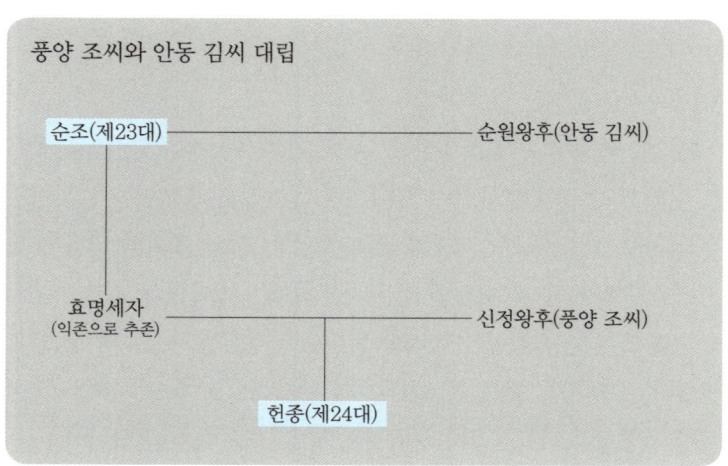

풍양 조씨와 안동 김씨 대립

순조(제23대) ─────────── 순원왕후(안동 김씨)

효명세자 (익종으로 추존) ─────────── 신정왕후(풍양 조씨)

헌종(제24대)

모든 정치의 핵심은 비변사라는 기관을 통해 움직였다. 그 비변사를 장악하고 있는 사람들이 바로 안동 김씨였다.

이런 세도 정치의 폐해를 귀로 듣고 눈으로 확인하며 살고 있던 이가 바로 흥선군이었다. 이들의 세력을 무너뜨리고, 왕권을 바로 세우기 위해서 흥선군은 치밀한 계산 아래 왕의 아버지인 대원군으로서 권력을 움켜쥔 것이다.

조만영 [趙萬永]
1776년(영조 52) ~ 1846년(헌종 12). 조선 후기의 문신.
주로 병권을 담당하면서 자신의 풍양 조씨 가문이 세도정치의 한 축을 이루도록 하는 데 큰 역할을 했다.

세도정치에 신음하는 조선

붕당과 세도정치

🌀 붕당의 근원, 훈구 세력과 사림 세력

조선 후기는 붕당정치의 시기였다. 학풍과 지역에 의해 구분된 당파들의 정치 주도권 싸움의 시기였던 것이다. 그 시작은 무엇일까? 근원을 알기 위해서는 조선시대 집권 세력에 대해 알 필요가 있다. 역사학자들은 대체적으로 붕당정치의 시작을 7대 세조 때로 보고 있다. 이유는 이 시기에 훈구파와 사림파라는 두 세력이 뚜렷하게 나뉘어지기 때문이다.

세조는 계유정난(왕위 찬탈)을 일으켜 조카인 단종을 몰아내고 왕위에 올랐다. 이때 세조는 무려 다섯 번이나 자신을 도운 사람들을 공신으로 만들어 주며 사상 유례가 없는 특혜를 주었다. 공신이 된 신하들은 자식들이나 친인척들을 대거 조정으로 불러들였다. 바로 이들이 세조 이래로 정권을 독점하고 사회경제적인 특권을 누리면서 특별한 정치 집단을 이룩해 나간 훈구파다. 한명회, 신숙주, 구치관 같은 인물들이 바로 이 시기 훈구파의 대표라고 할 수 있다. 이들로부터 시작된 훈구파는 이후 조선 정치 세력의 중심으로 자리를 잡았다.

이들에 비해 사림파는 초야에 묻혀 성리학을 연구했던 지방의 지식층 선비들이다. '향반'이라고도 불렸던 이들은 이성계가 조선을 건국할 때 정계에 진출하지 않았던 선비들로 지방에서 서서히 세력을 키웠다. 경상도 일대를 배경으로 뿌리를 내리기 시작해 성종 대에 이르러 서서히 조정으로 진출했다. 이들이 바로 사림파다. 오늘날의 정치 구조로 설명한다면 훈구파는 집권 여당을, 사림파는 야당 세력이라 이해해도 틀리지 않다. 붕당은 바로 이 훈구파와 사림파가 정권이나 학풍에 따라 나뉜 것이라고 보면 된다.

붕당의 등장

일본 제국주의 식민지 교육의 영향으로 흔히 조선을 멸망의 길로 이끌었다고 왜곡되어 있는 붕당. 그러나 이는 성리학으로 대표되는 유교의 정치사상 속에 포함된 것이었다. '정치는 군자들이 붕당을 이루어 소인배를 물리쳐야 한다'는 것이 성리학의 붕당론이다. 그런데 조선 초기에는 붕당의 형성이 왕권을 위협할 수 있다는 생각 때문에 활성화되지 못했다. 오히려 붕당은 엄격하게 금지될 수밖에 없었다. 조선의 헌법이라고 할 수 있는 '경국대전'에도 붕당을 결성할 경우 처벌할 것이라고 규정되어 있다.

'사림의 거두'라고 할 수 있는 조광조가 중종 때 개혁에 성공하지 못하고 처형된 것은 바로 붕당을 이루었기 때문이었다. 조광조는 개혁정치의 하나로 현량과를 설치, 신진 사림들을 정치 전면에 등장시켰다. 권력을 쥐고 있던 훈구파에게는 눈엣가시였고, 결국 조광조는 역모죄로 몰려 처형당하고 말았던 것이다. 붕당론을 인정하지 않았던 왕권 사회에서 일어났던 사건인 셈이다.

그러나 중종 이후 꾸준하게 정계에 진출한 사림들은 선조 때 본격적으로 세력을 형성할 만큼 성장했다. 이들에 의해 '붕당론'은 자연스럽게 인정되기 시작했고, 이로 인해 조선 중기 이후 정치에서 붕당은 필수불가결한 요소가 되었다.

훈구파와 사림파의 본격적인 대결 구도는 이미 중종 때 형성되어 선조까지 이어졌다. 선조 때는 많은 사림들이 등장하면서 훈구파는 힘을 잃어갈 수밖에 없었다. 사림들은 자신들을 '군자당'이라 불렀고, 훈구파를 '소인당'이라고 부르며 공격을 멈추지 않았다. 사림들은 완전한 정권을 잡기 위해 훈구파를 몰아내야 했다. 그러나 이 과정에서 사림들은 급진적인 동인과 비교적 온건한 서인으로 나뉘었다. 하지만 '군자당' 대 '소인당'이라는 이분법적인 구조로 정착되면서 각 당파 내에 존재하는 다양한 의견에 대해 '포용과 수렴'이라는 민주적 가치와 견제, 균형을 통해 공공의 이익을 우선하는 위민정치의 가치를 공유하지 못했다는 한계점을 가지고 있었다.

사림의 분화 : 급진적인 동인과 온건한 서인

사람이 여럿 모이면 의견은 달라질 수밖에 없다. 이것은 어느 집단에서나 마찬가지로 정치 집단이라고 해서 다를 것이 없다. 훈구파를 몰아내는 문제에 있어서도 두 가지 의견이 대립되었다. 기존의 훈구세력을 급진적으로 없애야 한다는 세력과 그렇지 않은 세력으로 나뉜 것이다. 선조 시대에 정치에 진출한 신진 사림들은 급진적인 개혁을 주장한 반면, 이미 명종 때부터 정치에 진출해 있던 기성 사림들은 이를 반대했다.

이러한 와중에 문신 관리들의 인사권을 실질적으로 담당하는 이조의 중급 관리직인 이조전랑의 자리를 두고 김효원과 심의겸이 대립했다. 이조전랑 자리에 어느 세력의 사람이 앉느냐에 따라 관료집단 내의 세력 분포가 달라지기 때문에 첨예하게 대립할 수밖에 없었던 것이다.

이에 대해 신진 사림들은 김효원을 지지한 반면 기성 사림들은 심의겸을 지지했다. 이때 김효원의 집이 조금 더 동쪽인 정릉(지금의 서울 중구 정동) 근처에 있었기 때문에 동인, 심의겸의 집이 서쪽에 있었기 때문에 서인이라 불렀다. 이후 동인들은 이황의 학풍을, 서인들은 이이의 학풍을 받아들여 이 학파가 곧 붕당으로 연결되었다.

동인의 재집권: 강경파 북인과 온건파 남인, 서인의 재집권: 강경파 노론과 온건파 소론

선조 초기 정권을 잡은 세력은 동인이었다. 이들이 정권을 장악할 수 있었던 것은 이황이라는 걸출한 학자의 정치적 덕망과 후광 때문이었다. 그러나 이들도 오래지 않아 정여립의 모반사건 처리와 관련해 다시 갈라섰다. 정여립 모반사건은 1589년 전주 사람인 정여립이 쿠데타를 일으키려고 했다가 실패한 사건이다. 정여립은 원래 서인이었지만 동인의 세력이 우세해지자 동인으로 합류하면서 서인들은 물론 이들의 학문적 스승이었던 이이까지 그를 비판했다. 이로 인해 정여립은 선조의 미움을 사 벼슬에서 쫓겨났다. 이후 정여립은 지방에 은거하면서 군대를 길러 역모를 꾀했지만 사전에 발각되면서 자결하고 말았다. (역사 기록에는 이렇게 전해지지만, 이는 서인들에 의해 조작된 것이라는 설도 있다.)

정여립 모반 사건으로 인해 선조에게 미운 털이 박힌 동인이 큰 피해를 보면서 서인들이 정권을 잡았다. 그러나 서인들의 정권도 오래가지는 못했다. 정철이 후궁의 아들인 광해군을 세자로 책봉해야 한다고 주장했기 때문이다.

선조는 정철의 요구가 지나치다며 서인들을 축출했다. 선조에게는 인빈 김씨에게서 태어난 적자 영창대군이 있었기 때문이었다. 선조는 내심 적자인 영창대군을 세자로 책봉하고 싶었다. 그러나 서인의 영수인 정철은 뜻을 굽히지 않고 광해군의 책봉을 주청했다. 격노한 선조는 결국 송시열과 함께 서인들을 정치 일선에서 몰아내고 동인 세력을 중용했다.

정치 일선으로 복귀한 동인 세력은 정철의 처리 문제를 두고 북인과 남인으로 나뉘었다. 북인은 이산해가 중심이 된 강경파로 정철을 죽여야 한다는 세력이고, 남인은 우성전과 유성룡을 중심으로 정철을 죽일 필요까지는 없다고 맞섰다. 강경파인 이산해가 낙산(현재의 대학로 부근) 북쪽에 살았기 때문에 그를 지지하는 강경파는 북인이 되었고, 우성전이 남산 아래 살았기 때문에 그의 의견에 동조한 온건파는 남인이 된 것이다.

남인과 북인의 붕당은 학통으로 나뉘기도 하는데, 북인은 이산해, 정인홍 등 주로 남명 조식의 문인들이 주축을 이루었으며, 남인은 우성전, 유성룡, 이덕형, 김성일 등 퇴계 이황의 문인이 주축을 이루었다. 남인과 북인으로 분파되고 1년 뒤 임진왜란이 일어났다.

이후 정권을 잡은 남인은 19대 숙종 대에 이르러 인현왕후와 장희빈의 문제가 발생했을 때 장희빈의 영향력을 이용해 정국을 주도하려다 결국 장희빈이 폐서인되며 몰락함과 동시에 정치 일선에서 물러나게 되었다. 이에 반해 기울어가던 서인 세력은 인현왕후의 복권으로 다시 정치 전면에 나서게 되었다.

이 과정에서 서인들 또한 동인의 분파에서와 같은 이유로 처벌대상이 된 남인의 처리 문제를 두고 강경파인 노론과 온건파인 소론으로 분화되었다. 노론은 주로 나이가 많은 사람들로 구성되어 대의명분과 민생안정을 강조하는 당파로 송시열이 대표적인 인물이며, 소론은 실리를 중시하고 적극적으로 북방 개척을 주장했던 사람들로 윤증이 대표적인 인물이다. 여기서 정치적으로 중추적인 역할을 한 사람들은 노론들이다. 이들 역시 훗날 사도세자가 죽으면서 벽파와 시파로 나뉘는데, 사도세자의 죽음이 당연하다고 하는 벽파와 사도세자의 죽음을 애도하면서 온건하게 처리하자라는 시파로 나뉘었다. 오래전 분화되었던 붕당인 남인과 소론 일부도 시파에 가담했다. 정조 이후 결국 노론이 정권을 잡게 됐으며, 오랜 기간에 걸친 이들의 국정 운영은 결국 조선을 병들게 하였고, 세도정치로까지 변질된 것이다.

붕당정치에서 세도정치로

조선은 유교적인 지배질서를 토대로 해서 세워진 왕조국가였다. 그러나 조선 정권은 일정 당파에 의해 왔다 갔다 한 게 사실이었다. 붕당 초기에는 서로 간의 견제와 균형으로 왕권[王權]과 신권[臣權]이 조화를 이루며 조선의 정치발전에 이바지한 부분이 있었다. 그러나 17세기 숙종이 등극하고 붕당정치가 왕권 강화의 도구로 이용되면서 그 의미는 퇴색했다. 숙종은 재위 동안 세 번의 환국을 주도하면서 결국 남인을 몰아내고 서인에게 정권을 주었다. 이 서인들이 훗날 소론과 노론으로 분파되면서 18세기 후반부터는 노론 세력이 독주를 하기 시작해 19세기 후반까지 계속 이어진 것이다.

영조는 노론의 권력을 견제하기 위해 탕평책을 실시하고, 당파를 가리지 않고 인재를 등용해 국정에 참여시킴으로써 일견 성공을 거두는 듯했다. 하지만 영조가 죽으면서 정권은 완전히 노론에게로 넘어갔다. 정조 역시 할아버지 영조의 뜻을 이어 탕평책을 실시하고, 서얼들까지 등용하는 등 나름대로 노력했으나 왕 혼자의 힘으로 그들의 권력을 막는 것은 쉽지 않은 일이었다. 결국 정조의 장인이었던 안동 김씨의 김조순이 권력을 잡으면서 조선 후기의 권력은 완전히 노론에게 넘어갔다. 이들이 바로 세도정치의 주역들인 셈이다.

정조 이후 붕당의 개념은 이미 사라졌다고 보아도 될 것이다. 왕을 제외하면 일당독재, 즉 노론 세력들이 정치권력의 핵심으로 자리를 잡았기 때문이다. 당연히 붕당정치에서 나타났던 견제와 균형이라는 정치질서도 사라질 수밖에 없었다. 상대 당파를 인정하기보다는 완전히 몰락시키는 형태로 숙청해버렸기 때문이다. 안동 김씨로 시작된 세도정치는 이후 여흥 민씨에까지 이어지면서 조선 말기의 정치는 완전히 일당 체제로 굳어져 갔다.

3. 세도정치의 핵심, 서원을 철폐하다

비변사는 원래 목적대로 국방이나 치안 정도만 담당했어야 했다.
그러나 세도정치가 기승을 부릴 때는
군사는 물론 행정과 인사권까지 총괄하는
국정 최고 기관으로 비대해져 있었다.
한마디로 안동 김씨 세도정치의 핵심 기관이었다.

1871년의 3월, 전국의 서원에 철퇴를 가했다.
"서원은 망국의 근원이다. 사액서원을 제외한
모든 서원을 철폐하라!"

대원군의 등장은 안동 김씨에게 크나큰 위협이었다. 사실 안동 김씨 세력들은 흥선군에 대해 신경을 쓰지 않고 있었다. 한직에 있는 데다 권력 욕심이 있는 것처럼 보이지도 않았다. 더구나 그는 안동 김씨에게 굽신거리기까지 했던 인물이었다. 그런 그가 한순간에 왕의 아버지로, 흥선대원군으로 등장을 한 것이다.

흥선군은 대원군이라는 벼슬을 받고 대신의 자격을 얻어 궁궐로 출근했다. 출근 첫날, 어전회의에서 흥선대원군은 앞으로의 정치구상을 이렇게 밝혔다.

"나는 천 리를 끌어들여 지척으로 삼고자 하며, 태산을 깎아 평지로 만들고자 하며, 남대문을 높여 3층으로 만들고자 하오!"

무슨 뜻일까? 바로 왕실의 종친들을 등용해 권력을 장악하고 있던 안동 김씨의 세도정치를 끝장내겠다는 선언이며, 소외되어 있던 남인을 중용하겠다는 뜻이었다. 즉 기존의 정치 세력과 전면전을 치르겠다는 선전포고였다. 기존의 정치 세력이란 두말할 것도 없이 안동 김씨 세도가들이었다. 대원군의 마음속에는 이미 '강력한 정치

🍃 **대원군**
종친 가운데서 왕위를 계승하게 될 경우 새 왕의 아버지에게 주어지는 직책이다. 흥선대원군만이 살아있는 동안 대원군에 봉해진 유일한 인물이었다.

개혁' 의지가 숨겨져 있었다.

　대원군이 누구인가? 그는 고종이 왕위에 오르기 전 종친부[宗親府]에서나마 가장 높은 벼슬을 하고 있었다. 그러나 몸을 최대한 낮추었고 눈에 띄는 행동을 하지 않았다. 서슬 퍼런 안동 김씨의 세도정치 아래서 자칫 실수라도 하면 비록 왕족이라 해도 목숨을 보전하기 어렵던 시절이었다. 그는 몸을 낮추는 대신 물밑에서 움직였다. 흥선군은 비록 몸은 낮추었지만 조선의 정세만큼은 정확하게 읽어 내고 있었다. 왕실의 사정은 물론 백성들의 생활, 각종 제도의 문제점 등…….

　그는 세상을 바꾸고 싶었다. 문제는 방법이었다. 이런 흥선군의 문제의식은 당연히 왕실의 최고 어른임에도 불구하고 안동 김씨의 세도정치에 의해 철저히 소외되었던 대비 조씨(신정왕후)로 향했다. 그녀를 움직일 수 있다면 후사가 없는 철종의 뒤를 자신의 아들로 왕위를 이을 수 있었다. 그녀에게 수렴청정의 길을 열어준다면 안동 김씨의 60년 세도정치를 끝내는 것이 가능하다는 게 흥선군의 계산이었다. 풍양 조씨인 그녀 역시 남편 효명세자가 세상을 떠난 뒤 안동 김씨 아래 숨죽이며 살았기 때문이었다.

　놀랍게도 흥선군의 계산은 한 치의 오차도 없이 정확히 맞아 떨어

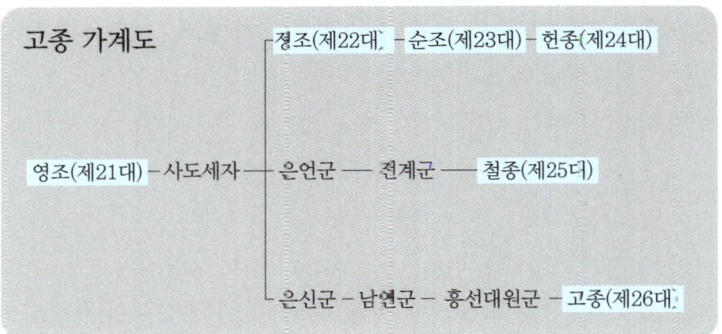

남연군: 인조의 3남 인평대군의 6대손이었으나, 은신군이 죽은 후 제사를 받들기 위해 양자로 입적됨.

졌다. 건강이 좋지 않았던 철종이 후사도 보지 못하고 1863년 세상을 떠나고 만 것이었다. 흥선군의 시나리오대로 어린 고종이 등극을 했고, 그는 왕의 아버지로 대원군이라는 영광스런 벼슬을 받았다.

흥선대원군은 권력의 정점에 오르자 개혁의 칼날을 빼들었다. 하루라도 빨리 개혁을 하지 않으면 왕실의 권위는 나락으로 떨어질 게 뻔했다. 그는 개혁에 박차를 가했다. 흥선군 시절 보고 느꼈던 폐해들을 개혁 정책으로 만들어 실천에 옮기기 시작했다. 충실한 조력자 신정왕후가 그의 옆에서 보조를 맞춰 주었다.

부패의 온상인 비변사의 기능을 축소한 것이 대원군으로서 시행한 첫 번째 개혁정책이었다. 안동 김씨의 반발이 거셌지만 대원군도 신정왕후도 흔들리지 않았다.

비변사는 원래 1510년 삼포왜란 당시 국방과 치안을 담당하기 위해 전시비상기구로 만들어진 기관이었다. 그러나 삼포왜란이 끝난 후에도 비변사는 살아남아 있었다. 그리고 터진 전쟁이 1592년의 임진왜란이었다. 전쟁에서 비변사는 중요한 역할을 했고, 덕분에 조선 말기까지 이어져 오고 있었다.

비변사는 원래 목적대로 국방이나 치안 정도만 담당했어야 했다. 그러나 세도정치가 기승을 부릴 때는 군사는 물론 행정과 인사권까지 총괄하는 국정 최고 기관으로 비대해져 있었다. 한마디로 안동 김씨 세도정치의 핵심 기관이었다.

"대비마마, 우선 비변사에서 하는 일만이라도 제한해 안동 김씨의 세력을 약화시켜야 하옵니다."

신정왕후는 대원군의 말대로 비변사의 기능을 축소시켜 외교와 국방, 치안만 담당하게 했다. 그리고 나머지 인사나 재정 등의 권한들은 다른 기관으로 넘겼다. 이듬해에는 아예 비변사를 없애버리고

삼포왜란[三浦倭亂]

조선과의 유일한 무역 창구였던 왜관에서 일본의 상인들은 조선이 시행한 면세제도를 악용해 밀무역을 행하기도 하였다. 밀무역의 규모가 점점 커지자 조정에서는 일본인들의 불법적인 행위에 대해 강력한 통제를 하기에 이르렀다. 이런 조선의 통제에 왜인들의 불만이 쌓였고, 조선인 상인들과의 충돌도 잦아졌다. 1510년에는 제포의 왜인과 대마도로부터 유입된 4~5천 명이 난을 일으켜 부산첨사를 죽이는 사건이 발생했다. 또한 제포와 염포에서도 동시에 난동을 일으키며 삼포왜란으로 번졌다. 조선이 정규군을 투입해 난을 평정하자 왜인들이 대마도로 도주하면서 난은 평정되었다. 이후 삼포는 폐쇄되었고, 통교도 끊겼다. 그러나 5년 후인 1512년 다시 국교를 열면서 왜관의 기능도 정상화되었다.

비변사 터 표지석
원래 외적의 방어와 국가의 주요 정책을 의논하던 기관이었지만, 조선 후기에는 세도정치의 본부 역할을 했다. 창덕궁 앞에 있다.

도장까지 녹여버렸다. 국방과 치안 기능은 삼군부에 넘겨주었고, 나머지는 모두 의정부로 넘겨주었다.

그즈음 충청도를 중심으로 이상한 노래가 불려지기 시작했다.

"원님 위에는 감사요/감사 위에 촌판이요/참판 위에 판서요/판서 위에 삼상이요/삼상 위에 승지/승지 위에는 임금이요/임금 위에 만동묘지기"

'승경가'라는 노래였다. 노랫말 그대로라면 임금보다도 더 높은 사람이 만동묘지기라는 뜻이다. 만동묘는 임진왜란 때 조선에 지원군을 파견한 명나라의 신종과 의종을 기리기 위해 세워진 사당이었다. 정치가이자 노론의 영수였던 송시열의 뜻에 따라 세워진 것이다. 만동묘 바로 아래에는 송시열을 모시는 화양서원이 자리하고 있었다.

당시만 해도 흔하디흔한 것이 서원이었다. 사람들이 알고 있는 교육기관으로서의 서원이라면 문제가 없을 터였다. 그러나 만동묘와

만동묘[萬東廟]
명[明]을 정벌하고 조선까지 침략한 이민족 청[淸]을 사상적으로 부정하기 위해 만들었다. 물이 만 구비를 꺾어 흘러 마지막에는 동해로 들어간다는 말로 선조의 어필인 '만절필동[萬折必東]'에서 취한 것으로 명에 대한 사대의식이 그대로 반영된 명칭이다.

송시열[宋時烈]
조선 후기의 문신·학자.
조선을 유교의 나라로 만든 장본인 중 한 명으로 호는 우암[尤庵]이다.

만동묘 임진왜란 때 지원군을 보내준 명나라의 신종을 제사지내기 위해 지은 사당. 충북 괴산군 청천면 화양리에 있다.

화양서원 노론의 영수인 송시열을 제향하기 위해 세운 서원으로, 만동묘 밑에 있다.

함께 있는 화양서원은 유림들의 성지이자 지배세력인 노론의 정치적 중심지로 자리매김 하고 있었다. 여기까지만 해도 괜찮았다. 그런데 문제는 제사 때였다.

서원의 제사 때가 다가오면 백성들은 두려움에 사로잡혀야 했다. 서원에서 백성들의 사정을 고려하지 않고 무작정 지정된 액수의 돈

 **서원**[書院]

조선시대에 성리학의 연구와 교육을 목적으로 지방에 세운 사학[私學]으로 공립기관인 성균관과 더불어 조선 성리학 교육의 한 축을 담당했다.

을 내게 했기 때문이었다. 나라에 세금을 내는 것만으로도 허덕이던 백성들이 서원 제사에까지 돈을 내야 했던 것이다. 지정한 돈이나 곡식을 내지 못하면 붙잡아 곤장을 치는 것은 물론 무서운 고문까지 가했다. 기가 막힐 노릇이었다.

한마디로 권력 남용이었다. 이미 정조 때부터 문제가 되어왔지만 누구도 감히 손을 대지 못했다. 그러나 개혁의 칼을 빼어든 대원군은 가만히 보고만 있지 않았다. 만병의 근원과도 같은 썩은 싹. 도려내야 했다.

대원군은 단호하고 과감하게 만동묘 철폐 명령을 내리게 만들었다. 지엄한 신정왕후의 명령이 내려졌지만 유생들은 격렬하게 반대했다. 심지어 창덕궁의 돈화문 앞에까지 몰려와 항의를 했다. 그러나 대원군은 눈 하나 꿈쩍하지 않았다.

"창덕궁의 대보단에서 잘 받들 것이니 걱정 말고 물러들 가시오!"

그것으로 끝이었다. 유생들이 아무리 울고불고 해도 소용이 없었다. 유생들이 격렬하게 항의한 데는 그들 나름대로 깊어진 위기의식이 있었다. 유생들은 만동묘 철폐가 곧 그들의 정치적·사상적 기반인 서원의 철폐로까지 이어질 것이라는 사실을 알고 있었다. 그러니 더욱 강경하게 대원군의 정책에 대항할 수밖에 없었다.

몇 년 후 만동묘의 철폐는 유생들의 예상대로 서원 철폐로까지 이어졌다. 서원들 역시 화양서원처럼 유생들이 모이는 권력 기관의 역할을 하고 있었다. 서원 중에서도 왕이 현판을 내려준 사액서원에는 국가가 서원의 운영을 보장하는 의미에서 노비와 경작할 수 있는 토지까지 하사했다. 게다가 세금까지도 면제해 주었다. 그것이 성리학의 나라 조선이 취한 어리석은 정책이었다.

그러다보니 전국에는 1천여 개가 넘는 서원들이 우후죽순처럼 생겨났다. 서원의 가장 큰 문제는 나라 재정이 모자라는 판에 세금을

대보단

대보단은 조선시대에 명나라의 황제인 태조와 신종, 의종을 제사지내던 사당으로 임진왜란 때 원군을 보내준 은혜에 보답하고 그를 기리기 위해 창덕궁 후원 옆에 설치했다. 숙종이 먼저 머리를 조아리고 대보단을 설치했다. 조선의 뿌리 깊은 사대사상을 보여주고 있다.

한 푼도 내지 않는다는 점이었다. 양반에 유생이라는 이름만 걸 수 있으면 너나 할 것 없이 서원을 건립했다. 합법적으로 세금을 내지 않을 수 있는 도구로 활용한 것이었다.

대원군은 서원의 문제점을 정확하게 꿰뚫고 있었다. 그는 서서히 서원들을 조사하고 정리해 나갔다. 그리고 1871년 3월, 전국의 서원에 철퇴를 가했다.

"서원은 망국의 근원이다. 사액서원을 제외한 모든 서원을 철폐하라!"

전국의 유생들이 서원철폐를 철회하라고 궁궐 앞까지 나와 항의를 하며 압박했다. 받아들여지지 않으면 죽음을 불사하겠다고 나왔다. 그러나 대원군은 단호하게 말했다.

"진실로 백성들에게 해가 되는 것이 있으면, 비록 공자가 다시 살아난다 하더라도 나는 용서하지 않을 것이다!"

전국의 서원 철폐 과정에서 대원군은 유생들로부터 폭군이라는 비아냥까지 들었다. 하지만 그는 흔들리지 않고 서원 철폐를 강행했다.

서원은 선현들에게 제사를 지내고, 미래를 책임질 인재들에게 학문을 가르치는 곳이었다. 또 젊은이들에게 학문과 함께 올바르게 살 수 있는 길을 알려주는 곳이었다. 그러나 이즈음의 서원은 본래의 목적에서 한참 벗어나 있었다.

서원은 원래 조선시대의 사립교육기관으로 현대의 사립 대학교와 같은 역할을 했다. 국가가 운영하는 성균관 같은 국립학교와는 달리 사람들에게 유학적 이상을 실현하고 향촌사회를 교화시키고자 하는 목적에서 건립된 것이었다. 그 최초의 서원이 바로 백운동 서원이다. 후에 소수 서원으로 이름이 바뀐 백운동 서원은 풍기군수였던 주세붕이 주자학을 들여온 안향을 제사지내기 위해 세우면서

안향[安珦]
1243년(고종 30) ~ 1306년(충렬왕 32). 우리나라에 성리학을 도입한 고려 후기의 문신·학자. 주자학의 도입과 함께 숭불정책의 고려에서 유교적 이념의 확산을 위해 많은 노력을 기울였다.

사액
왕이 사당, 서원 등에 이름을 지어서 그것을 새긴 액자를 내리는 일.

백운동 서원(소수 서원)
경북 영주 소재. 주세붕에 의해 최초로 세워진 서원이며, 최초의 사액 서원이기도 하다.

도산 서원
경북 안동 소재. 조선의 학자 겸 정치가인 퇴계 이황을 기리기 위해 세워졌다.

출발한 것이다.

 그러나 조선 말기에는 정상적인 서원의 구실을 하지 못했다. 양반들이 세금을 내지 않기 위해 설립을 했으며, 선비들의 모임 장소 정도로 활용되었다. 더 큰 문제는 선비들이 모여 정치를 논의하던서 세력화를 꾀했다는 점이었다. 더구나 백성들에게 민폐까지 끼치는 서원을 흥선대원군은 그냥 두지 않았다. 그는 왕이 내려준 사액을 걸고 있는 47개의 서원만을 남겨두고 모두 없애버렸다. 이처럼 강건한 조선을 위한 대원군의 개혁은 사회, 경제 등 여러 분야에 걸쳐 거침이 없었다.

조선의 교육제도와 교육기관

조선의 교육제도

고려의 숭불정책에 반해 조선은 유교를 국가의 통치이념으로 삼았다. 신진사대부로 불렸던 유교의 가치관을 가진 세력에 의해 건국된, 성리학의 질서에 기반을 둔 이상적 왕도정치를 실현할 수 있는 국가에 대한 의지로 건국된 유교 국가가 조선이었다. 조선의 교육제도 역시 유교의 가치관을 백성들에게 효과적으로 전달하기 위해 이루어졌다. 유교적인 이상 국가를 실현하기 위한 가장 현실적인 방법은 생활 속에서 유교의 가치관을 실천할 수 있도록, 백성들에게 교육의 기회를 제공하는 것이었다. 조선은 엄격한 신분 사회였다. 하지만 평민들에게까지 교육의 기회를 박탈한 것은 아니었다. 이런 조선의 교육정책은 최상위 양반 계층부터 하층민에게까지 조선의 건국이념을 침투시켜 500여 년 동안 조선왕조를 이어오게 한 버팀목 역할을 했다.

교육제도의 확립은 조선의 발전에 든든한 디딤돌이었다. 그렇기 때문에 한양의 최고 교육기관인 성균관으로부터 지방의 향교까지 다양한 교육체계를 갖추었다.

조선의 교육기관1 – 성균관과 4부학당

'교육은 백년지대계[百年之大計]'라는 말이 있듯 부강한 나라를 만들고 더욱 발전시키기 위해서는 교육체계가 잘 갖추어져야 한다. 조선의 교육체계는 기본적으로 유학을 가르치고, 건국이념 실현에 합당한 우수한 인재를 양성하고, 왕도정치의 실현이라는 유교적 이념과 일치하는 왕과 신하, 그리고 백성들의 유교적 삶에 맞추어져 있었다. 이것이 조선의 교육 목표였다.

백성을 잘 다스리기 위해서는 왕으로부터 신하, 그리고 백성들에 이르기까지 일관성 있는 교육이 필수였다. 조선의 교육기관들은 여기에 바탕을 두고 생겨났다.

조선의 교육기관 중 가장 상위에 있는 것은 단연 한양에 있던 성균관[成均館]이었다. 성균관은 명실 공히 조선 최고의 교육기관으로, 현대의 국립대학이라고 할 수 있다.

흔히 성균관을 문묘[文廟]라고도 하는데, 문묘는 유교의 시조인 공자를 모시는 사당을 말하는 것이고, 성균관은 교육기관을 의미하는 것이다. 둘을 합쳐 문묘라고도 하고, 성균관이라고 한다. 성균관의 두 가지 명칭에서 짐작할 수 있듯 성균관은 문묘의 기능과 교육의 기능이 하나로 합쳐진 조선시대 최고의 유교 교육기관이라 말할 수 있다.

물론 성균관을 받쳐주는 중등교육기관도 있었다. 바로 4부학당 또는 사학이라고 부르던 교육기관이다. 4부학당은 한양에 있던 국립 중등교육기관이다. 조선 초기에는 지역별로 설치된 학당 즉, 동부학당, 서부학당, 남부학당, 중부학당을 합쳐 4부학당 또는 학당이라고 불렀으나 세조 때에는 사학이라고 명칭을 바꿔 불렀다. 동학, 서학, 남학, 중학이 그것으로 역할이나 위치는 변하지 않고 이름만 변경한 것이다.

사학 또는 4부학당은 성균관의 예비학교이며 아랫급 교육기관으로, 학당의 운영 역시 성균관에서 총괄하도록 했다. 선생들의 임용이나 입학, 학교의 규칙 등도 성균관과 깊이 관련 있었다. 운영과 교육의 방식은 성균관의 그것과 크게 다르지 않았으나 문묘가 설치되어 있지 않아 성현이나 유학자에 대한 제례의식은 행하지 않았다.

조선의 교육기관2 - 향교와 서원

향교[鄕校]는 국가에서 설치한 지방의 교육기관이다. 지금의 공립중고등학교 정도로 지방 각 행정단위, 즉 주[州], 부[府], 목[牧], 군[郡], 현[縣] 등에 설치했다. 성균관과는 규모나 기능면에서 달랐지만 향교의 설치나 운영은 성균관과 크게 다르지 않았다.

향교는 고려시대에도 있었다. 그러나 후기에 들면서 원나라 내정간섭기의 정치적인 혼탁으로 교육기관으로서의 내용이나 위치가 흐지부지되어 유명무실해졌다. 그러다가 성리학이 보급되면서 다시 발전의 계기를 마련하게 되었는데, 명실상부하게 교육기관으로 다시 자리를 잡기 시작한 때는 조선시대다.

조선이 향교를 정식 교육기관으로 설치한 데는 나름의 목적이 있었다. 첫째는 통치 체제에 필요한 관리들과 인재를 확보하기 위한 차원이고, 둘째는 새로운 통치체제를 백성들에게 제대로 알리고, 백성들을 유교적 통치이념의 체계 안으로 이끌기 위함이었다.

그래서 향교에 대해서는 성격까지도 네 가지로 명확하게 규정을 해놓았다. 첫째는 중등교육기관이라는 점이고, 둘째는 유학[儒學]교육기관이라는 점, 셋째는 나라에서 운영하는 공교육기관이었으며, 마지막으로는 교육과 함께 백성들을 올바른 방향으로 나아가게 하는 교화기관[教化機關]으로써 역할을 수행하게 하는 것이었다.

공교육기관으로써 향교의 역할은 조선 초기부터 중기까지는 잘 이행되었다고 볼 수 있다. 그러나 중기를 지나면서 지방의 사립대학 격인 서원이 지역 향반들에 의해 곳곳에 생겼다. 이로 말미암아 향교의 역할은 축소될 수밖에 없었다.

서원은 지방 곳곳에서 지역 세력가나 귀향한 세력가를 중심으로 유교의 성현이나 유학자들에 대한 제사를 지내기 위해 생긴 사당 성격의 건물이었다. 그러나 시간이 지나면서 점차 지역 유생들을 교육시키는 사립 교육기관으로 바뀌어 갔다. 조선 후기에 들어서는 전국에 1천여 개가 넘는 서원이 생겨날 정도로 번성했다. 정치를 토론하는 장에서부터 향촌사회의 권력기관 역할까지 했다.

이 시기 서원은 본래의 교육 기능보다는 향촌사회 유생들의 정파 형성을 위한 양성소 정도로 전락했으며, 향촌사회에 대한 부당한 권력 기관으로 기능해 지방 행정권을 위협할 정도로 기능이 비대해졌다. 이런 이유로 대원군은 1871년에 전국 47개 소의 사액서원을 제외한 일체의 서원에 대해 철폐령을 내려 그 부작용을 일소하려 한 것이다.

조선의 교육목적에 따른 제도의 변화

조선의 교육제도는 목적의 변화와 시대상의 변화에 따라 전 기간에 걸쳐 대략 네 차례에 걸쳐 교육의 기본방향을 수정했다.

첫 번째는 건국초기 교육체제 확립기로 태조 때부터 연산군 때까지 왕권확립과 함께 지

배체제와 교육체제를 확립시키기 위해 노력하는 시기라고 볼 수 있다. 건국 초기였기 때문에 이 시기에는 국가가 교육정책에 적극적으로 개입했다. 무엇을 어떻게 교육할 것인지, 어떻게 하면 보다 많은 사람들이 교육을 받을 수 있는지 등 교육체제의 확장과 정비 그리고 교육 과정과 방법의 정비가 종합적으로 이루어지던 시기였다. 이때를 계기로 관 주도의 관학[官學]을 확장시키고 정비했으며, 성균관과 사부학당, 향교가 발달했다.

두 번째는 조선 중기, 체제 안정기인 중종에서 경종 시기로 교육사상의 발전과 사학[私學]의 발달기라고 할 수 있다. 이 시기 조선은 기존의 훈구파 후손들과 새롭게 등장한 사림파가 본격적으로 경제적, 정치적인 당파를 형성시켰다. 이들은 학풍이나 학문적 경쟁으로 학파를 만들기 보다는 정치적 이념으로 뭉치면서 정치권력을 형성해 이들에 의해 본격적으로 정쟁이 시작되었다. 교육적으로도 국가의 교육정책이 관학 위주에서 벗어나 서원이 확산됨에 따라 서원 설립자의 경전 해석이나 정치적 신념에 영향을 받는 등 서원을 중심으로 한 사교육이 발달하기 시작했다.

세 번째는 영조와 고종 때의 시기로 실학의 학풍이 발달하면서 교육에도 영향을 미친 시기이다. 임진왜란과 병자호란을 겪은 후 조선은 많은 변화를 겪었다. 교육 부분에서도 젊은 학자들을 중심으로 경전 중심의 교리를 위한 학문[敎學]에 대한 반성과 함께 사회문제 해결을 위한 실용성이 강조된 실학사상이 나타나기 시작했다. 그러나 경세치용과 이용후생의 기치를 내건 실학이 조선을 이끌 수 있는 학문으로 옮겨가지는 못했다.

마지막으로 고종 이후 새로운 근대 교육제도를 도입하는 시기이다. 이 시기 조선의 교육은 서양의 문물을 도입하고 수용하면서 서양의 교육사상과 내용을 일부 받아들여 조선 역사 전 과정을 통해 일관되게 유지했던 교육의 과정과 방법까지도 바뀌게 된다. 그리고 서양식 학교까지 등장하게 되었다. 이때의 교육은 서양 교육사상을 조선의 교육에 접목해 자주적인 국가와 시민 교육을 목적으로 했다. 그러나 일제강점기에 접어들면서 우리나라의 교육은 암흑기로 접어들게 되었다.

4. 경복궁 중건의 두 얼굴

당백전은 여러가지 문제를 일으켰다.
상인들도 백성들도 사용하지 않아 그 가치는 떨어졌고,
반대로 시장 물품들의 가격은 하늘 높은 줄 모르고 치솟았다.
예상치 못한 인플레이션으로
조선의 경제 질서가 무너질 지경에까지 이르게 된 것이다.
그러자 백성들의 분통이 터져 나오기 시작했다.
결국 7개월 만에 당백전의 통용은 금지되고 말았다.

"국가 재정도 충당하고,
경복궁 중건 금액도 마련하기 위한 방법은 한 가지 밖에 없소.
당백전을 발행하도록 하시오."

그토록 기다리던 경복궁 중건.

처음에는 모든 일이 순조롭게 풀려갔다. 일하는 사람들도 전국에서 수만 명이 모여들었다. 목수는 물론 미장이, 석공, 화공, 칠공, 기와공 등 각 분야의 전문가들이 속속 한양으로 모여들었다. 여기에 농사일을 하는 전국의 백성들까지 모여들어 한양 일대는 경복궁 중건에 참여하려는 사람들로 장사진을 이루었다.

대원군은 농번기라는 점을 감안해 농민들은 본업인 농사일에 전념하도록 했다. 농민들을 제외한 사람들로 하여금 중건을 할 작정이었다. 그런데 어찌된 일인지 방이 붙음과 동시에 3만여 명의 사람들이 구름처럼 몰려왔다.

농민들이 나라의 상징인 경복궁을 중건하는 데 도움이 되고자 일을 제쳐놓고 너도나도 한양으로 몰려든 탓이었다. 대원군은 한양 거리를 가득 메운 백성들을 보고 특단의 조치를 내렸다.

"경복궁 중건을 위해 일을 하러 온 사람들에게 1전씩의 위로금을 주도록 하시오. 또한 가까운 거리에 사는 사람들은 오가기가 번거로울 테니 양반들이 그들에게 숙소를 제공해 주었으면 하오."

자금도 준비가 되었고, 공사에 참여할 사람들도 모여들었다. 여기에 중건에 필요한 자재들도 다 갖추어졌다. 곳곳에 아름드리 목재들이 산더미처럼 쌓였고, 석재들도 동산을 이루었다.

경복궁 중건의 대역사가 시작되던 날, 왕실은 물론 조정대신들과 아전들, 인부, 백성들까지 모두 모여 경복궁이 무사히 지어지기를 기원했다. 따스한 봄날만큼이나 경복궁 중건 공사도 무리 없이 진행되었다.

그러나 건물의 기둥들이 여기저기 우뚝우뚝 들어서고 있던 이듬해 봄, 뜻하지 않은 대형 화재가 발생하고 말았다. 수많은 목재들과 중건 중이던 건물들이 순식간에 잿더미로 변하고 말았다.

1년여 동안 피땀으로 작업한 결과물이 한순간에 날아가 버리자 여기저기서 중단을 해야 한다는 목소리가 들려왔다. 실제로 사람들은 중건 공사가 중단될 것이라고 생각했다. 그러나 대원군은 그럴 다음이 없었다. 오히려 어떻게 하면 차질 없이 진행을 할 수 있을까를 고민했다.

화재 사고로 가장 큰 피해를 입은 것은 목재들이었다. 기둥과 서까래 등으로 쓰기 위해 다듬어 놓은 목재들까지 모두 다시 장만해야 했다.

중건에 사용할 목재들은 나라 소유의 산에서 베어 온 것이었다. 이제 그곳에는 나무가 없었다. 대원군은 전국에 명을 내려 목재로 쓸만한 나무를 찾게 했다. 드한 양반들이 묘소 보호를 위해 심은 나무와 마을의 신목[神木]까지 베어 목재로 쓸 수 있도록 했다.

양반들은 물론 백성들까지 대원군의 조치에 불평을 늘어놓았다. 하지만 대원군은 신경 쓰지 않았다. 그만큼 대원군에게 경복궁 중건은 나라의 운명을 건 사업이었다.

경복궁 타령

경복궁 중건의 작업 과정에서 일의 능률을 높이기 위한 노동요이다.
'남문을 열고 파루를 치니 계명산천이 밝아온다. 을축 사월 갑자일에 경복궁을 이룩일세. 경복궁 중건에 다 들어간다.(후렴구 생략)'

경복궁 중건의 두 얼굴

상평통보
1678년(숙종 4년)에 유통되기 시작한 금속화폐, '널리 평등하게 통용되는 보배'라는 뜻의 동전이다.

　　나무보다 더 문제가 되는 것은 자금이었다. 화재로 모든 것이 불에 타면서 자금도 바닥을 보이기 시작했다. 전국에서 원납전으로 거두었던 중건 성금도 확 줄어든 상태였다.
　　"국가 재정도 충당하고, 경복궁 중건 금액도 마련하기 위한 방법은 한 가지 밖에 없소. 당백전을 발행하도록 하시오."
　　당백전[當百錢]은 한 마디로 기존에 사용하는 동전의 100배에 해당하는 돈을 말하는 것이다. 당시 가장 많이 사용하던 상평통보[常平通寶]의 100배에 달하는 화폐 가치를 가진 것이었다. 즉 상평통보 100개와 값이 같다는 뜻이다.
　　화재 후 새로 목재가 준비되던 1866년 말, 당백전이 만들어졌다. 불과 6개월여 동안 1천 600만 냥을 찍어냈다. 지금의 돈으로 환산하면 약 1천억 원 정도. 그러나 당백전의 발행에는 큰 문제가 있었다. 조선의 상인들은 액면가가 크다는 이유로 사용을 머뭇거렸다.

게다가 당백전처럼 값어치가 큰 돈을 사용할 수 있을 정도의 경제 규모가 형성되어 있지 않았다.

그러나 대원군은 당백전을 경복궁 중건의 대금으로 사용하는 방법을 알고 있었다. 바로 경복궁 공사에 들어가는 물품들의 구입 대금을 당백전으로 지급한 것. 하지만 사람들에게 세금을 받을 때는 당백전으로 받지 않았다. 일시적인 현상이었지만 조선 정부는 거액의 차익을 올릴 수 있었다.

일부 목적은 달성했지만 후폭풍은 상상을 초월할 정도였다. 당백전의 실질적 가치는 많아야 상평통보의 5~6배밖에 되지 않았다. 그런데도 상평통보의 100배에 달하게 인위적으로 가치를 높이다보니 사람들은 사용을 꺼릴 수밖에 없었다.

상인들도 백성들도 사용을 하지 않다보니 당백전의 가치는 떨어질 수밖에 없었다. 반대로 사람들의 먹거리인 시장 물품들의 가격은 하늘 높은 줄 모르고 치솟았다. 예상치 못한 인플레이션으로 조선의 경제 질서가 무너질 지경에까지 이르게 된 것이다. 백성들의 분통이 터져 나오기 시작했다. 결국 7개월 만에 당백전의 통용은 금지되고 말았다.

당시 일부 부자나 부유한 상인들은 가지고 있는 자산을 고액 화폐인 당백전으로 바꾸었다. 그러나 사용이 금지되자 헐값으로 넘길 수밖에 없었다. '땡전 한 푼 없다'는 말은 바로 당백전에서 유래된 것이다.

당백전의 사용으로 조선의 경제가 길을 잃자, 대원군은 다른 방법으로 경복궁 중건 비용을 마련하기로 했다. 바로 성문세[城門稅]였다.

성문세는 당백전의 폐해가 나타나기 시작하면서 거두어들이기 시작했다. 쉽게 말하면 한양 도성의 모든 성문을 통과할 때 내는 통

인플레이션이란?

시중에 돌아다니는 화폐가 늘어나면서 돈의 가치가 떨어지고, 모든 상품의 물가가 꾸준히 올라가는 현상을 말한다.

숭례문　한양도성의 정문으로 국보 1호다. 2008년에 불탄 것을 다시 세운 것이다.

행세였다. 사람에 대해서만 세금을 내는 게 아니었다. 성문을 통과하는 말이나 소는 물론 물품에까지 다양한 명목으로 세금을 징수했다. 뜬금없는 정부의 세금 정책에 수많은 상인들과 백성들이 거세게 저항했다.

　　대원군은 성문세 제도만큼은 경복궁이 완공된 이후까지 이어갔다. 경복궁 중건이 완료되고도 약 5년여 동안 더 존재했던 세금이 바로 성문세였다. 성문세와 함께 또 하나 신설된 세금이 결두전[結頭錢]이라 불리는 세금이었다. 결두전은 밭 1결당 세금을 기존보다 더 많이 내게 한 것이었다. 농민들이 저항했지만 경복궁 중건이라는 명목 하에 울며 겨자 먹기 식으로 낼 수밖에 없었다.

　　경복궁 중건과 관련해 또 하나 짚고 넘어가야 할 것이 청나라 화폐의 사용이다. 조선 정부는 당백전의 사용을 금지시키는 한편 청나라 동전을 사용할 수 있도록 했다. 물론 당백전 주조가 금지되면서 국가의 재정적 손실을 메워야 한다는 명목이 있었다. 하지만 약

1결의 크기는?

결은 땅의 좋고 나쁨에 따라 토지의 면적을 나타내던 조선시대 단위다. 가장 좋은 1등급 땅 1결의 면적은 대략 1만여 평방미터(약 9,917㎡), 2등급 땅은 약 1만 5천 평방미터(약 16,528㎡), 3등급 땅은 약 2만 3천여 평방미터(약 23,140㎡)이다.

3백만~4백만 냥이나 되는 청나라 화폐의 유통이 시작되면서 조선은 또다시 경제 위기에 빠졌다. 물가는 폭등하기 시작했고, 백성들은 거리를 떠돌기 시작했다. 재정을 확보하기 위한 방책으로 시행된 제도였지만 결국은 나라에 혼란만 가중시키는 결과를 가져오고 말았다.

한 나라 안에서 경제 규모가 다른 두 나라의 화폐가 사용된다는 것은 결국 경제적 기반이 더 튼튼한 나라의 경제상황에 따라 가난한 나라는 미처 손 쓸 겨를도 없이 자국에서 발생되는 모든 경지적 부담을 떠안아야 된다는 것을 의미한다. 그래도 경복궁 중건은 멈출 수가 없었다. 대원군은 전국의 부잣집들을 대상으로 돈을 거두어 들였다. 그렇게 해서라도 경복궁 중건 작업은 계속되어야 했다. 나라 경제가 어려워지고 있음을 대원군도 느끼고 있었다. 대원군의 경복궁 중건 집착으로 발생된 경제적 어려움 때문에 민심은 대원군으로부터 점점 멀어져갔다.

더구나 오래 전부터 백성들에게 돌덩이처럼 무거운 부담을 주었던 삼정[三政]의 문란은 대원군의 활동을 위축시키는 결과까지 가져왔다. 삼정의 문란. 이걸 바로 잡아야 나라 재정도 늘어나고, 백성들도 맘 편하게 살 터였다. 그래야 조선의 경제도 바로 설 수 있었다.

삼정[三政]
조선 후기 조세 운영정책을 일반적으로 일컫는 말로 전정[田政], 군정[軍政], 환곡[還穀]을 말한다.

경복궁 중건의 두 얼굴

조선 후기 자본주의의 발현

농민들, 상업에 눈뜨다

조선은 전통적으로 농업국가였다. 그러나 농업 기술의 발달은 빠르게 이루어지지 못했다. 더구나 임진왜란 이후 농토가 완전히 황폐화되면서 농사를 짓기조차 어려워졌다. 조정에서는 농촌을 되살리기 위해 다양한 정책을 도입했다. 가장 먼저 도입한 것이 수리시설의 보완이었다. 농사에서 가장 중요한 것은 물이다. 이 물을 제때 농토에 보급하기 위해 전국에 6천여 개의 저수지를 새로 만들고 수리했다. 아울러 새로운 농사법을 보급했는데 신기술인 이앙법, 즉 모내기법이었다. 수리 시설의 확충과 모내기법의 도입은 농업생산성을 증가시켰다. 신기술의 도입을 통한 농업 생산성의 증가는 농민들에게 넓은 땅을 경작할 수 있다는 자신감을 주었고, 이는 곧 잉여 농산물이 발생할 수 있음을 의미하는 것이다. 자연스럽게 잉여 농산물을 시장에 내다 파는 사람들이 늘어났다. 농업의 발전이 시장과 함께 상업의 발전까지 유도한 것이다. 또한 조선후기에는 다양한 외국의 작물들이 전래되었다. 고구마와 감자, 고추와 토마토 등이 이 시기 전래된 대표적인 작물들로 농가 소득뿐 아니라 춘궁기 기근을 견뎌내는 구황작물로 농가에 큰 도움을 주었다.

상공업이 일어나다

조선시대의 공업은 수공업이 전부였다. 그것도 관청의 요구에 의해 물품을 만들어 바치는 수준이었다. 조선 중기까지의 수공업은 이런 형태에서 벗어나지 못했다. 그러나 조선 후기에는 일반 백성들이 직접 만드는 수공업 생산이 관청수공업을 앞섰다. 시장에 내다 팔 수 있는 길이 열렸기 때문이다. 많은 장인들은 국가 소유의 공장에 들어가 일하는 것을 꺼리면서 납포장으로 활동했다. 납포장은 국가에서 요구하는 생산량을 초과해 생산할 수 있었으며 이를 자유로이 판매할 수 있었는데, 이에 대해 베, 면포, 정포, 쌀로 국가에 공장세를 내던 장인들이었다. 철 제련을 전문적으로 했던 유철장, 쇠를 녹여 각종 도구나 기물을 만드는 주철장, 무쇠로 주물 같은 것을 만드는 수철장 등이 대표적인 납포장들이다. 뿐만 아니라 다양한 분야의 수공업이 발달하기 시작했다. 이러한 독립수공업자들의 활동은 조선 상업의 발전을 가져왔고, 더디지만 시장의 발달을 촉진시키는 촉매제 역할을 했다.

시장의 발달

농업과 상공업의 발달은 자연스럽게 시장의 활성화로 이어졌다. 조선 초기와 중기까지만 해도 시장은 대부분 중앙 정부나 관청이 정한 곳에 형성되었다. 농업과 상공업의 발달이 더뎠기 때문이었다. 그러나 조선 후기에 들어서면서 누구나 물건을 사고팔 수 있게 되었다. 농민들은 잉여 농산물을 시장으로 가져왔고, 필요한 사람들은 시장에서 직접 구입하게 되었다. 폭발적인 시장의 증가가 이루어졌는데, 자그마치 1천여 곳에 새로 시장이 설 정도였다. 전국에 다양한 시장이 개설되자 전문적으로 장사하는 사람들이 늘어났으며, 많은 물건을 거래해 든 이익을 얻는 대규모의 상단들이 생겨났다. 한양의 경

회계장부 조선시대 개성상인들이 사용하던 것.

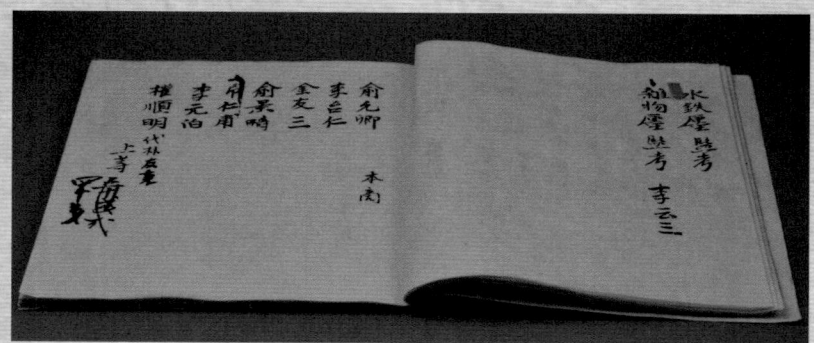

세금 기록책   조선 후기 종로 시전에서 사용하던 각종 세금 기록부.

강상인, 개성의 송상, 의주의 만상, 동래의 내상이 바로 대규모로 장사를 하던 상단이었다. 이들은 보부상단을 형성해 전국 각지의 시장으로 물품을 수송, 판매했다.
경강상인은 원래 한강을 중심으로 정부가 거둔 세금인 미곡을 수송하는 일에 종사한 상인들을 일컫는 말이었다. 그러나 17세기 이후에는 곡물 도매상으로 발전, 자본의 규모가 매우 커졌다. 이들은 각자 장사를 하는 사상[私商]으로 성장하면서 나라에서 독점적 특권을 받고 있던 육의전의 시전 상인과 경쟁하기도 했다. 19세기에 들어서는 곡물들을 대량으로 사들인 다음 물건 값을 올려 판매하는 독과점상인 도고상인으로까지 성장했다.

화폐의 발달

시장이 발달하기 전까지 조선에서 화폐의 사용은 극히 제한적이었다. 대부분의 사람들은 물물교환으로 필요한 물건을 구입했다. 그러나 시장이 발달하면서 좀 더 편리하게 물건을 사고팔 수 있는 화폐의 사용이 일반화되었다. 조선시대 화폐가 등장한 것은 숙종 때부터다. 이후 약 200여 년 동안 활발하게 거래되었는데, 가장 대표적인 화폐가 동으로 만든 상평통보였다. 하지만 아직도 농민들을 비롯한 평민들은 화폐 사용보다는 물물교환을 선호했다. 화폐를 사용해보지 않은 탓이었다. 화폐의 이용이 활발하지 못하자 조정에서는 세금이나 벌금 등을 화폐로 내게 했다. 이후 화폐는 어디서든 편하게 사용되었다. 특히 시장에서 화폐의 사용이 급속하게 증가했다. 이런 금속화폐의 발달은 조선 후기까지 이어졌지만, 대원군 시대와 그 이후에는 만들어져서는 안 되는 화폐까지만 들어졌다. 당백전이 그런 화폐였고, 이러한 폐단으로 발생한 문제를 해결하고자 청나라 화폐까지 통용되었다. 또 1880년대에는 당오전이라는 화폐를 발행해 부족한 국가 재정을 메우려고 했지만 이 역시 당백전 못지않은 인플레이션을 가져왔다. 일제 강점기에는 조선의 화폐보다는 일본의 화폐가 기준이 되어 시장에서 유통되었다.

보부상 인장
보부상은 등짐장수와 봇짐장수를 말한다. 인장은 그들이 직접 사용하던 도장.

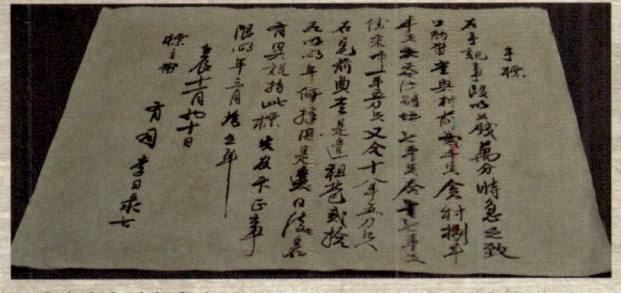

조선시대의 어음과 수표 조선 후기 상업이 발달하면서 사용하던 어음과 수표.

자본주의의 발아

조선후기 상공업의 발달은 사람들의 삶을 바꿔놓을 정도였다. 아직도 많은 사람들이 농사를 지었지만 일부는 전문 상인으로 나섰다. 시장의 발달과 상공업의 성장, 그리고 경제 규모의 확대는 동전의 양면과도 같은 것이다. 여기에 상업의 발달을 촉진한 것이 또 하나 있다. 바로 대동법[大同法]이었다. 광해군 때 처음 실시된 대동법은 지방에서 조정으로 바치던 공물, 즉 특산물을 쌀로 낼 수 있게 한 제도다. 특산물을 구하기 위해 백성들은 많은 고생을 했지만, 이를 쌀로 대신하게 되어 이전보다 자유롭게 자신의 본업에 몰두할 수 있게 되면서 더 많은 수확을 위해 다양한 농법이 개발되었다. 특히 잉여 농산물의 발생과 판매로 부농이 탄생하기 시작했다. 이들은 더 넓은 땅을 경작하게 되었고, 땅을 빌려 농사를 짓던 소작농들은 그들 밑으로 들어가 농사를 지어주고 삯을 받거나 수공업 공장으로, 혹은 광산으로 들어가 돈을 받고 일했다. 수공업자들 역시 관청의 일만 하는 게 아니라 독립수공업자가 되어 직접 물건을 만들어 팔기도 했다. 조선에서도 다양한 분야에서 자본주의의 초기적인 모습이 나타났다고 볼 수 있다.

학자들은 산업혁명의 여파로 봉건적 사회질서가 무너지고, 대단위 농업이 발달하면서 갈 곳을 잃은 농민들이 도시의 공장으로 몰려가 임금 노동자로 일을 하면서부터 서양의 자본주의가 시작되었다고 말한다. 조선의 경우, 서양과는 역사의 발달 과정과 경제 구조의 발달이 달라 직접 비교는 쉽지 않은 게 사실이다. 그러나 조선후기 농업과 상공업의 발달과정, 17세기 후반부터 나타난 실학이라는 학문이 추구했던 바를 자세히 들여다보면 서양의 자본주의 발달과는 다른 형태이지만 이즈음 조선에도 분명히 미약하나마 자본주의의 싹이 움트고 있었다고 말할 수 있다.

5. 무너진 조선의 세금제도

세도 정치가 횡행하던 시절, 조선에 살던 농민들은
죽지 못해 산다고 할 만큼 어려움을 겪고 있었다.
계속되는 가뭄으로 흉년이 들자
농민들의 삶은 점점 힘들어질 수밖에 없었다.
여기에 농민들을 더 어렵고 힘들게 만든 것은
조선의 세금제도인 삼정이었다.

정작 세금을 내야 할 땅 부자들은 이런저런 이유로 세금을 내지 않았던 것이다. 결국 죽어나는 것은 가진 땅도 없이 세금을 내야 했던 농민들이었다. 대원군은 숨겨둔 땅을 찾기 위해 대대적으로 농지조사사업을 벌였다.

세도 정치가 횡행하던 시절, 조선에 살던 농민들은 죽지 못해 산다고 할 만큼 어려움을 겪고 있었다. 이상하게도 비가 오지 않아 가뭄으로 흉년이 드는 해가 많았다. 그러다보니 농민들의 삶은 점점 힘들어질 수밖에 없었다. 여기에 농민들을 더 어렵고 힘들게 만든 것은 조선의 세금제도인 삼정이었다.

삼정은 전정[田政], 군정[軍政], 환정[還政]을 말한다. 전정은 농사를 짓는 땅에 붙는 세금을 말하는 것이고, 군정은 남자들에게 부과된 국방의 의무를 대신하는 세금이다. 마지막으로 환곡이라고도 불렸던 환정은 가난한 사람들을 구제하기 위해 나라에서 춘궁기인 봄에 쌀이나 곡식을 빌려주었다가 가을에 이자를 붙여 돌려받는 것이다. 전정은 신분을 막론하고 땅을 가지고 농사를 짓는 사람은 누구나 내는 세금이었다.

그러나 양반들이나 사대부들은 고을 수령이나 아전들과 짜고 자신들의 땅을 숨겨버렸다. 대신 농민들은 땅이 없어도 세금을 내는 경우가 허다했다. 쉽게 말해 없는 땅에 세금을 내게 했던 것이다.

그래서 '백지징세[白地徵稅]'라는 달갑지 않은 별명까지 붙었다. 이런 상황이 어느 한 지역만이 아니라 전국에서 발생했다.

정작 세금을 내야 할 땅 부자들은 이런저런 이유로 세금을 내지 않았던 것이다. 결국 죽어나는 것은 가진 땅도 없이 세금을 내야 했던 농민들이었다. 대원군은 숨겨둔 땅을 찾기 위해 대대적으로 농지조사사업을 벌였다. 그리고 양반들이 숨겨놓은 땅을 샅샅이 뒤져 찾아냈다. 그리고 그 땅에 정당하게 세금을 부과했다.

군정에서도 비리는 엄청났다. 군정은 한마디로 군사에 관한 행정과 재정을 통틀어 일컫는 것이다.

조선시대의 병역체제는 농사를 지으면서 일정한 기간에는 군대 복무를 해야 하는 병농일치[兵農一致]제였다. 6년마다 조사를 해 군대 갈 사람을 등록하고 출석부처럼 군적부를 만들었다. 남성들은 16세부터 60세까지 병역의무를 져야 했다. 이 가운데 정군[正軍]으로 군대를 가지 않는 사람은 포[布-베]로 세금을 내게 했다. 쉽게 말하면 군대에 가지 않고 세금으로 대신한다는 뜻이다.

군정이 제대로 실행이 되기 위해서는 군대에 갈 사람을 정확히 파악하는 일이 선행되어야 했다. 그러나 임진왜란과 병자호란이라는 큰 전란을 두 번이나 겪은 후의 조선은 그 이전과는 다른 사회로 변해가고 있었다. 특히 전란을 겪으며 황폐화된 농지뿐 아니라 그 과정에서 발생한 일부 토지대장과 호적부의 소실은 이전의 경제적, 사회적 신분질서에 급격한 변화를 가져왔다. 게다가 상공업의 발달과 농업 생산성의 증가에 따라 발달하기 시작한 시장은 이러한 신분질서의 변화에 다양한 변수를 제공했다.

몰락 양반의 양인화, 부농·부상들의 신분 세탁을 통한 양반화, 특히 부를 축적한 양인들의 신분 상승에 대한 열망은 그 어떤 부류보다 컸으며, 이에 따라 양반들의 수는 기하급수적으로 늘어날 수

밖에 없었다. 이처럼 다양한 변화를 통해 양반의 수가 폭발적으로 늘어나면서 정작 군역과 요역을 담당해야 할 양인의 숫자는 줄어들었다.

그런데 군포를 내는 양은 마을 단위가 아니라 군현(현재의 군이나 면 단위) 단위로 일정량이 할당되어 있었다. 군포를 내야 할 사람의 숫자는 줄어들었는데, 군현에서 내야 할 양은 똑같았다. 결국 관아에서는 온갖 편법을 동원해 군포를 징수했다. 그래야 자신들의 책임을 면할 수 있기 때문이었다. 이때 생겨난 것이 백골징포, 황구첨정, 족징, 인징 같은 얼토당토않은 것이었다.

백골징포[白骨徵布]는 세상을 떠난 사람까지 군적에 올려 군포를 징수하는 것이고, 황구첨정[黃口簽丁]은 어린아이를 장정으로 나이를 올려 징수하는 것이다. 이뿐만이 아니었다. 먹고 살기가 어려워 도망친 사람을 등록해 포를 거둔 족징[族徵], 또 이웃이나 친척에게 대신 부과하게 하는 인징[隣徵] 등 수법도 다양했다. 60세가 넘으면

군역이 면제되었지만 이들에게도 세금을 내게 하기도 했다.

군정의 폐해는 여기서 끝나지 않았다. 군 지휘관들의 부정부패도 판을 쳤다. 이들은 생활이 곤궁하거나 돈이 필요하면 군 행정과 군대의 기강을 검열한다며 지방 부대를 순시했다. 뇌물을 받기 위해 일부러 하는 검열이었다. 이러한 군정의 문란은 이미 오래 전부터 행해지고 있었다. 나라의 재정을 담당하는 세금제도가 부패와 비리로 얼룩지고 있었던 것이다.

환곡은 전정과 군정보다 문제가 더 심각했다. 원래 환곡 제도는 농민들에게는 더없이 좋은 제도였다. 먹을 것이 부족했던 봄부터 여름까지의 춘궁기[春窮期]에 관아에서 곡식을 빌렸다가 농사를 지어 가을에 갚는 것이다. 이자까지 붙여 내기 때문에 국가 재정에도 꼭 필요한 구휼제도[救恤制度]였지만, 여기서도 아전들이 농간을 부렸다. 곡식에 쭉정이나 풀 같은 것을 섞어 빌려주거나 규정보다 적은 양을 빌려주는 등 온갖 못된 짓을 다 했다. 그리고 받을 때는 쌀로 이자까지 부풀려 받았다.

원래 환곡을 빌려줄 때는 관아에서 가지고 있는 곡식의 절반만 빌려주어야 했다. 나머지 절반은 비상시를 대비해 남겨두는 것이 원칙이었다. 그러나 아전들은 이자를 받아 챙기기 위해 몽땅 다 빌려주었다. 그러면서 아전들이 곡식의 일부를 빼돌려 착복하기도 했다. 그리고 돌려받을 때는 자신들이 착복한 환곡까지 백성들에게 모두 부담하게 했다. 온갖 협박과 괴롭힘에 농민들은 농사지은 보람도 없이 다 빼앗기고 말았던 것이다. 짐승만도 못한 탐관오리들 때문에 농민들은 길거리로 나앉아야 했다.

근본적인 문제는 과연 무엇이었을까? 벼슬아치들의 농간이 가장 큰 원인이었다. 당시 지방의 수령이나 아전들 대부분은 돈을 주고 벼슬을 산 사람들이었다. 많은 돈을 주고 벼슬을 샀기 때문에 그때

무너진 조선의 세금제도

"… 국가재정의 근본인 삼정이 문란하여 농민의 고통이 하늘에 사무쳤다.…"

- 유계춘 묘비문 중에서 -

유계춘 묘 유계춘은 1862년 일어난 진주민란을 계획하고 주도했던 인물로, 몰락한 양반이었다. 묘는 경남 진주시 수곡면에 있다

임술농민항쟁
1862년 조선 후기 사회경제적 변화 와중에 몰락 양반들을 주축으로 농촌 지식인과 억압받은 농민층이 연합해 전국에 걸쳐 동시다발로 일어난 농민 봉기.

투자했던 돈을 채우기 위해 수단과 방법을 가리지 않고 세금을 거두어 착복한 것이다.

이러한 상황이 수십 년 계속되면서 곪아터진 것이 바로 대원군이 집권하기 한 해 전에 일어난 임술농민항쟁이다. 경상남도 진주에서 시작된 민란은 순식간에 전국으로 퍼졌다. 공식적으로 기록된 민란 발생 고을 수만 해도 70곳이 넘을 정도로 온 나라를 뒤흔들었다.

흥선대원군이 집권을 했을 때도 삼정의 폐해는 여전했다. 대원군 역시 삼정 문란의 책임에서 자유로울 수는 없었다. 경복궁 중건 자금을 마련하기 위해 원납전을 많이 내는 사람들에게 벼슬을 내주었던 당사자였기 때문이다.

대원군은 세금제도 개혁에 팔을 걷어붙였다. 이대로 두었다가는 그야말로 조선이라는 나라가 망할지도 모른다는 위기의식도 자리를

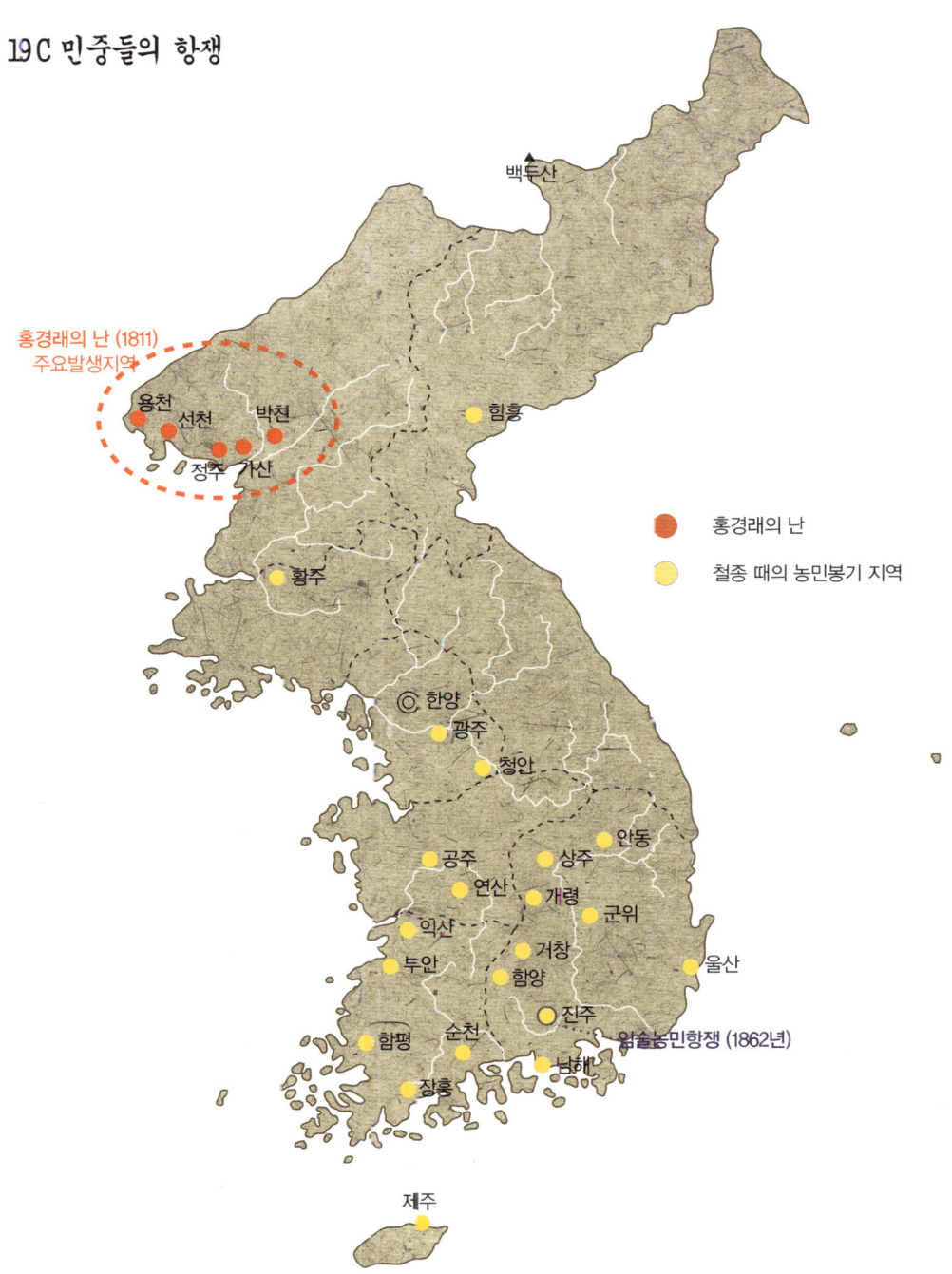

잡고 있었다. 그가 먼저 손을 댄 것은 백성들에게 가장 큰 피해를 주고 있는 환곡제도의 개선이었다

환곡제가 농민들에게 피해를 주는 이유는 바로 창고가 관아에 있었고, 벼슬아치들이 관여해 농간을 부릴 수 있는 소지가 많았기 때문이었다. 대원군은 이러한 문제를 없애는 방향으로 개혁을 시도했다. 곡식 창고를 관아가 아닌 각 고을에 두게 했고, 관리하는 사람도 벼슬아치가 아닌 마을 사람들이 뽑은 대표가 맡게 했다. 이것이 바로 사창제도[社倉制度]다.

마을 사람들에 의해 자치적으로 운영이 되면서 사창제[社倉制]는 자리를 잡아갔다. 제대로 된 구휼제도가 시행된 것이었다. 그러나 마을 사람들끼리 완벽하게 운영되지는 못했다. 나라 살림에 쓸 재정의 주요 수입원 중 하나였기 때문에 일정 부분 관아에서 관여하게 했다. 그럼에도 불구하고 자치적으로 운영되었기 때문에 이전보다 환곡제도의 운영은 훨씬 투명해졌다. 그리고 이는 훗날 근대적인 금융조합이 설립되는 밑바탕이 되기도 했다.

여기에 대원군은 군정에 관한 제도도 뜯어 고쳤다. 원래 군포는 한 사람이 두 필을 내야 했다. 문제는 가구 단위로 내는 게 아니라 마을 단위로 정해진 양만큼 내야 한다는 데 있었다. 세금을 면제받는 양반, 이사를 가는 사람이 있어도 군포를 내는 양은 똑같았다. 농민들의 부담이 늘어날 수밖에 없는 구조였던 것이다. 농민들의 허리가 휠 수밖에 없었다. 세금 때문에 거리를 떠도는 유랑민들이 늘어난 것은 어쩌면 당연한 일이었다.

농민들은 세금제도를 바꾸어 달라고 요구했다. 마을 단위가 아니라 가구 단위로 군포를 내게 해달라는 것이었다. 그것이 바로 호포제다. 그러나 가구 단위로 군포를 내게 하는 데는 저항도 만만치 않았다. 호포제로 바꿀 경우 양반들도 세금을 내야 했기 때문이었다.

조선시대 양반의 구성

조선시대 양반은 가장 높은 신분으로 정치에 참여할 수 있는 계급이다. 원래는 왕이 정무를 볼 때 남쪽을 보고 앉았는데, 이때 국왕을 기준으로 왼편인 동쪽에는 문관이 동반으로서 늘어섰고, 오른편에는 무관이 서반으로서 늘어섰다. 잡역을 맡은 사람들은 남반이라 불렀다. 그러나 남반은 최고 품계가 7품까지 밖에 갈 수 없었기 때문에, 차츰 동반과 서반을 중심으로 지배 계급 내부 구조가 정비되었다. 이것이 바로 양반이다. 관료적으로는 문관과 무관을 지칭하는 의미로 이용되기도 했으며, 조선 중기 이후에는 문관, 무관은 물론 그들의 직계 가족, 선비들까지도 양반으로 불렸다.

사실 호포제는 영조 때도 시행을 하려 했었다. 그러나 세금이라는 걸 모르고 살아왔던 양반들의 저항이 극심해 시행되지 못했다. 그러나 대원군은 나라 살림과 세금제도 개혁을 위해서라도 호포제 실시를 강행했다.

"양반들도 이 나라 사람이고, 농민들도 이 나라 사람이다. 세금에 신분의 차별은 있을 수 없다! 양반들도 세금을 내도록 하라!"

고종 8년인 1871년 호포제가 전격 실시되었다.

이 과정에서 재미있는 일도 일어났다. 양반들은 농민들처럼 자신의 이름으로 세금을 낼 경우 그들이 가진 체면은 물론 특권과 신분제까지 무너진다고 생각했다. 결국 조정에서는 고민 끝에 노비의 이름으로 군포를 내게 해 양반들의 체면을 살려주었다. 호포제 실행으로 국가재정이 늘어난 것은 물론 백성들의 부담은 그만큼 줄어들었다. 한마디로 호포제는 일거양득의 제도였다.

이런 점으로 보아 대원군은 당시 조선 백성들의 어려움을 잘 꿰뚫어 보고 있었다고 할 수 있다. 그들의 부담을 줄여주려 노력한 것이 증거인 셈이다. 조선을 바로잡기 위한 대원군의 개혁은 쉼 없이 계속되었다.

덕분에 조선이 서서히 변해가고 있었다. 그즈음 국제정세도 빠르게 변해갔다. 조선의 바다에 서양의 배들인 이양선이 나타나기 시작했고, 서양 사람들 또한 천천히 동아시아로 움직였다.

호포제의 효과
호포법의 시행으로 상민층은 경제적 부담이 감소되었고, 양반층과 같이 군역을 지게 되었다는 대등의식(평등의식)을 갖게 되었다.

이양선 [異樣船]
조선 후기에 등장하기 시작한 서구식 함선이나 상선을 지칭하는 말로써 동양의 배와는 모양이 달라 붙여진 이름이다.

조선 후기 민란

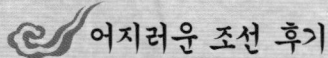
어지러운 조선 후기

19세기가 되면서 시작된 안동 김씨의 세도정치로 가장 고통을 많이 받은 사람들은 단연 가난한 농민들이었다. 조선 전통의 유교적 왕도 정치가 무너지고, 나라의 기강이 무너진 틈에 탐관오리들이 기승을 부렸기 때문이다. 그들의 등살에 농민들은 세금마저 감당할 힘이 없어졌다. 그들이 선택할 수 있는 길은 농토를 버리고 전국을 떠돌며 도적이 되거나 화전민, 또는 광산 노동자가 되는 것이었다. 그들 중 일부는 조선이 아닌 중국의 간도나 연해주로 떠나기도 했다.

세도정치에 불만을 가진 사람들은 비단 농민뿐만이 아니었다. 한때 큰소리를 치며 살았던 몰락 양반들, 또 경제적으로 부를 이뤘지만 사회적으로 신분을 인정받지 못한 상인들, 뛰어난 학문적 실력과 경제력을 가졌음에도 정당한 대우를 받지 못한 중인과 서얼들, 과거에 합격하고도 요직에 진출할 수 없었던 서북 지역의 유림 등 광범위한 계층의 사람들이 세도정치에 치를 떨며 살아야 했다. 세도정치의 만연은 결국 이 불만 세력들끼리 서로 연계하게 만들어주었고, 이들은 조직적으로 세도정치에 저항하기에 이르렀다. 이러한 사회 분위기 속에서 이들이 탈출구로 삼은 것은 바로 스스로의 목소리를 높이고 행동으로 옮기는 것이었다.

농민들 무기를 들다

조선 후기에 일어났던 민란들이 처음부터 무장 봉기의 형태를 띤 것은 아니었다. 처음에는 지식인들의 도움을 받아 관아에 억울함을 호소하거나 고소장을 올리는 정도였다. 그러나 백성들의 요구사항은 번번이 묵살되었다. 그래도 무기보다는 타협을 한다는 자세로 관리나 지주에 대한 나쁜 소문을 퍼뜨리거나 산에 올라가 수령이나 아전의 비리를 소리치거나, 횃불 시위, 부정한 관리나 지주에게 욕설을 담은 글 보내기, 욕설이나 요구사항을 기록한 글을 많은 사람들이 지나다니는 길에 거는 등의 소극적인 행동으로 불만을 표출했다. 그러나 백성들의 이러한 요구에 벼슬아치들은 꿈쩍도 하지 않았다. 마지막 남은 길은 행동으로 나서는 것이었다. 이 것이 바로 농민들이 창과 칼을 들고 민란을 일으킬 수밖에 없는 이유였다.

홍경래의 난

조선 후기 민란 가운데 가장 규모가 컸던 것은 서북 지역(평안도)에서 일어난 홍경래의 난과 진주에서 시작되어 전국으로 확산된 임술농민봉기였다. 1811년 일어난 홍경래의 난은 평안도 지방에 대한 중앙정부의 경제적, 정치적 차별 때문에 일어난 민란이다.
사실 평안도는 청나라와의 활발한 무역과 광산 등이 발달해 다른 지역에 비해 경제적으로 넉넉한 편이었다. 그러나 서북인들은 조선 초부터 과거에 합격해도 요직으로 진출하는 데 제한을 받아야 했다. 이징옥의 난(1453년)과 이시애의 난(1467년) 때문이었다. 이징옥은 세종대왕 때 북방 6진 개척에 큰 공을 세워 함길도 절제사가 되었지만, 세조가 정권을 잡으면서 반대파였던 김종서 장군의 부하였다는 이유로 파면되자 이에 불만을 품고 난을 일으켰다가 관군에 잡혀 죽었다.
이시애의 난 역시 이징옥의 난 연장선상에서 일어난 사건이다. 원래 함경도는 변경 지역이라는 지리적 특성과 여진족 출신의 주민이 다수 거주한다는 주민 구성의 특수성, 그리고 도읍지에서 멀어 지방관을 정부에서 직접 임명하기보다 관찰사가 지방 호족 중 영향력 있는 자를 임명해 다스리게 했다. 이시애는 함경도 길주 출신으로 변경에서 활약해 첨지중추부사, 판회령부사라는 지방의 군사 요직을 맡았다. 그러나 세조는 강력한 중앙집권체제를 펼치기 위해 지방관까지 중앙정부에서 파견하기 시작했다. 이어 자신의 지위에 불안을 느낀 이시애는 지방 세력, 농민들과 결탁해 난을 일으켰으나 실패했다.
이 두 사건으로 함경도를 비롯한 평안도의 서북 지역 사람들은 과거에 합격해도 발령을 내지 않거나 벼슬을 주어도 요직은 주지 않는 방법으로 차별을 했다. 중앙에서 높은 벼슬을 하는 사람이 많아야 지방 세력도 커지는 법이었지만, 그렇지 못하다 보니 서북 지역에서의 양반들은 관리들의 힘에 맞서 견제할 수 있는 힘마저 갖기가 어려워졌다. 중앙에서 임명된 서북 지역 관리들은 자신들을 견제할만한 세력이 없다는 사실을 알고 수탈을 일삼았던 것이다.

홍경래의 난은 이와 같은 상황에 불만을 가진 평안도 지역의 일부 양반들과 부자들, 상인들, 그리고 노동자들이 지역 차별 타파를 구호로 내걸고 봉기한 것이다. 이들은 무기까지 갖추는 등 강력한 세력을 형성했다. 평안도 가산에서 일어난 봉기군은 한때 청천강 이북 지역을 거의 장악했지만, 평안도 박천전투에서 패하면서 정주성에서 농성한 지 4개월 만에 관군의 초토화 작전에 의해 진압되었다. 이러한 평안도 사람들의 봉기에도 불구하고 세금제도 등의 사회적 모순은 개선되지 않았으며, 관리들의 부정과 수탈 역시 그대로였다. 사회 모순에 대한 불만은 평안도 뿐만 아니라 전국으로 퍼져나갔다.

임술농민항쟁

1862년에 일어난 임술민란은 홍경래의 난이 일어난 지 50여 년 후에 일어난 민란으로, 그동안 곪았던 사회문제가 전국으로 퍼지는 계기가 되었다. 그해 2월 4일 경상도 단성에서 일어난 민란을 시작으로 그해 말까지 자그마치 37차례에 걸친 민란이 일어났다. 그중 경상도 성주·상주·거창·창원에서는 2차례에 걸쳐 민란이 발생했으며 제주에서는 3차례나 민란이 일어났다. 전국적으로 이 해에 일어난 민란 발생지역을 조사했더니 70여 곳 이상이나 될 정도였다.

민란은 몰락 양반이나 전직 관리가 일으킨 경우도 있었지만 대부분은 농민들에 의해 주도되었다. 이들 가운데서도 가난한 농민이나 땅을 갖지 못한 소작인들이 중심이 되는 경우가 많았다. 놀라운 것은 민란이 대부분 3~5월 춘궁기에 집중되고 있다는 사실이다. 이것은 민란이 정치적인 동기라기보다는 농민들이 생존권을 얻기 위해 봉기하였음을 단적으로 보여주는 증거라고 할 수 있다. 대부분의 경우 민란은 한번 발생하면 2~7일간 계속되었다. 봉기한 농민들은 관아를 습격해 장부를 불태우고 옥에 갇힌 무고한

죄수를 풀어주었으며 창고를 열어 빈민들에게 곡식을 나누어주었다. 또한 서리배나 양반 토호의 집을 불태우고 곡식과 재산을 몰수하기도 했다.

민란을 진압하기 위해 중앙조정에서는 안핵사나 선무사를 파견해 민심을 회유하고 난을 수습하고자 했다. 그러나 관리들은 탐관오리들의 비행을 밝히고 그들을 처벌하기보다 민란의 주모자를 체포·처형하는 데 힘을 쏟았다. 해결 의지가 약한 것은 중앙정부도 마찬가지였다. 근본적인 개혁으로 민심을 달래야 했지만 주모자들만 찾아 처형하며 미봉책에 의한 사태 수습에만 급급했다. 민심은 사나워질 수밖에 없었고, 이에 비례하여 농민봉기 역시 걷잡을 수 없는 상황으로 치달을 수밖에 없었다.

결국 안동 김씨 정권은 근본적인 문제가 삼정의 문란에 있음을 깨닫고, 삼정의 폐단을 바로잡기 위해 '삼정이정청'을 설치해 여러 가지 개혁안을 내놓았다. 군정과 전정, 환곡 분야에서 나름대로 개혁을 했지만 오래가지 못했다. 삼정이정청의 관리들이 대부분 세도 정치에 발을 들인 자들이기 때문이었다. 삼정이정청 설치와 가혁으로 잠시나마 백성들의 민란은 수그러들었지만, 그것은 언제든지 다시 폭발할 수 있는 휴화산 같은 것이었다.

6. 인재 등용

밑바닥부터의 개혁을 위해서는 인사 개혁이 중요했다. 집권 초기 대원군은 발 빠른 개혁 정책을 실천했다. 무엇보다도 먼저 세도가들의 힘을 약화시키기 위해 다양한 인재의 발굴을 위해 노력했다.

'다양한 인재를 발탁해 쓰는 수밖에 없다.
당파를 가리지 않고 인재를 등용해 자연스레
안동 김씨 세력들을 밖으로 밀어내는 수밖에!
특히 권력에서 소외된 남인과 북인도
이번 기회에 등용해야겠어!'

고종이 왕위에 오른 직후, 대원군이 제일 먼저 만난 안동 김씨는 당시 철종실록의 편찬을 맡고 있던 김흥근이었다. 김흥근은 안동 김씨를 이끌고 있는 수장이었다.

"듣자하니 삼계동 별장이 아름답다고 하던데, 나한테 파실 생각 없으시오?"

김흥근은 흥선대원군의 물음을 일언지하에 거절해버렸다. 조선의 권력을 틀어쥔 대원군이었지만, 그에게 넘겨주는 것은 있을 수 없는 일이었다. 그가 안동 김씨에게 위협적인 존재라는 것을 누구보다 잘 알고 있기 때문이었다. 그런 사람에게 안동 김씨의 사랑방을 넘겨줄 수는 없는 노릇이었다.

"그렇다면 하룻밤만이라도 빌려주시오. 별장이 어떤지 구경이라도 하고 싶소."

김흥근은 빌려달라는 말까지 거절할 수는 없었다. 그날 밤 대원군은 뜻밖에도 어린 고종을 대동하고 삼계동 별장에 나타났다. 대원군은 그날 고종을 삼계동 별장에서 하룻밤 묵게 했다.

김흥근의 가슴은 무너져 내렸다. 왕이 하룻밤을 묵고 간다는 것은 곧 집의 소유권까지 왕에게 넘겨야 한다는 뜻이었다. 아무리 안동 김씨라 한들 돌려달라는 말을 할 수가 없었다. 왕의 흔적이 묻은 곳은 이튿날부터 소유권이 국가로 바뀌었다. 그것이 왕조국가인 조선의 법도였다.

삼계동 별장에 고종을 머물게 한 것은 단순한 이야깃거리가 아니었다. 안동 김씨의 세력을 축출하려는 대원군의 치밀한 정치적 계산이 밑에 깔려 있었던 것이다. 이후 삼계동 별장의 이름은 대원군의 호를 따 '석파정'으로 바뀌었다.

흥선대원군은 안동 김씨 실질적 수장의 사랑방을 차지하면 세도가들의 힘이 빠질 줄 알았다. 그러나 지방 관아의 하급 관리들조차도 안동 김씨의 영향력 아래 있었다. 그들의 부정과 부패는 안동 김씨가 펼쳐 놓은 세도정치 못지않게 골칫거리였다. 조선 사회 곳곳에 안동 김씨의 세력이 미치지 않은 곳이 없다는 뜻이었다.

'다양한 인재를 발탁해 쓰는 수밖에 없다. 당파를 가리지 않고 인

석파정 흥선대원군의 별장이었던 곳으로, 원래 안동 김씨인 김흥근의 별장이었다.

삼계동 글씨
석파정 옆 바위에 새겨진 글씨로, 원래 이름인 '삼계동'이 선명히 남아 안동 김씨의 소유였음을 보여주고 있다.

재를 등용해 자연스럽게 안동 김씨 세력들을 밖으로 밀어내는 수밖에! 특히 권력에서 소외된 남인과 북인도 이번 기회에 등용해야겠어!'

여기서 안동 김씨와 노론, 그리고 남인과 북인. 이들의 관계를 알아보자. 그래야 조선 후기와 말기를 이해하기가 쉽다.

조선 후기 영조가 왕위에 오르는 데 절대적인 공헌을 한 당파는 나이 많은 벼슬아치들이 많았던 노론이었다. 그러나 노론은 영조 때 당파가 갈렸다. 사도세자가 뒤주에 갇혀 굶어 죽으면서 그 책임을 두고 시파와 벽파로 갈라졌다. 노론의 책임이라고 생각하는 쪽이 시파이고, 반대쪽이 벽파였다.

세도정치의 중심이었던 안동 김씨는 시파였고, 또 그들의 후손이었다. 결국 크게 보면 조선 말기 세도정치의 핵심이었던 안동 김씨는 노론이 중심이었다고 보면 틀림없다. 이 노론의 원류는 오래전 권력의 중심에 있던 서인이었다.

노론이 정권을 잡으니 남인이나 북인들은 당연히 권력에서 멀어져 있었다. 정조대왕 시절 채제공이 높은 벼슬을 한 이후 남인은 홀대를 받고 있었다. 그러다보니 남인들 중에는 서학, 즉 천주교를 믿는 사람들이 많았다. 국법으로 금한 천주교를 믿고 있었으니 권력에서 점

사도세자[장헌세자]
1735년 ~ 1762년. 영조의 둘째 아들로 세자에 책봉되었으나, 노론세력의 일당전제에 비판적인 정책을 지향하던 중 정치적 모략에 의해 뒤주 속에서 죽었다. 이후 그의 아들인 정조가 즉위하면서 장헌세자로 추존되었다.

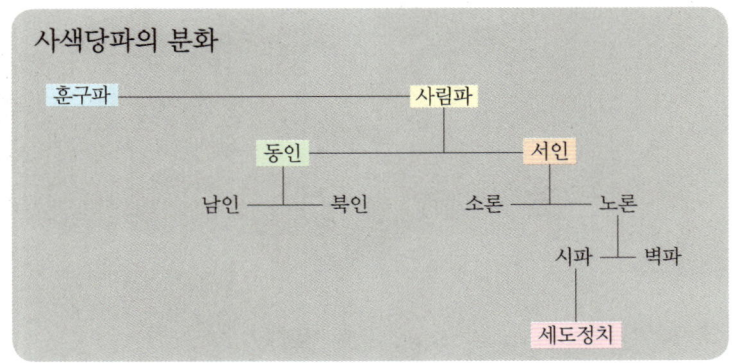

점 더 멀어진 것도 어쩌면 당연한 결과일지 모를 일이다.

대원군은 남인과 북인의 인재들에 대한 명단을 확보했다. 어떻게든 그들을 등용시켜야 노론인 안동 김씨들과 균형을 맞출 수 있을 터였다.

당시 조선의 인재 등용제도는 단연 과거제였다. 국법으로도 정해져 있었다. 물론 과거제 말고도 취재와 음서제, 천거제 등이 있었다. 과거제가 고급 관리를 뽑는 시험이라면 취재는 낮은 계급, 즉 그을 수령이나 통역사, 역 관리자, 나루터 관리자, 아전, 각종 기술관 등을 뽑는 제도였다.

또한 음서제는 아버지나 할아버지가 당상관(오늘날의 장관급) 이상의 높은 관직 생활을 했거나 나라에 큰 공을 세웠을 경우 그 자손들에게 벼슬을 대물림해주는 제도다. 마지막으로 천거제는 특별한 재주나 능력을 가지고 있던 사람을 지방관이 추천해 벼슬을 주는 제도다. 세종 때 관노비였던 장영실이 바로 천거제를 통해 벼슬길에 오른 인물이다.

조선 말기에 들어서면 과거시험으로 벼슬길에 오르는 것보다 안동 김씨에 줄을 대거나 뇌물을 바치는 것이 훨씬 더 쉽고 수월했다. 안동 김씨 세도가들이 내놓고 벼슬을 판다는 것은 세상 사람들이 다 아는 이야기였다. 그러나 안동 김씨가 판매한 벼슬은 지방의 수령이나 아전 정도였다.

조정의 중요한 벼슬을 하려면 학식과 지혜 등이 필요했다. 팔 수 있는 대상이 아니라는 뜻이다. 이즈음 우의정에 오른 인물이 남인이었던 유후조였다. 유후조는 임진왜란 때 재상이었던 서애 유성룡의 후손이었다. 남인에서 유후조와 같은 정승이 나온 것은 정조 이후 처음이었다. 60여년 만에 남인이 중앙 정계에 그것도 정승 반열에 오른 것이었다.

조선 전기의 과학기술자로, 관노비역 신분으로 기술적 재능을 인정받아 천거제를 통해 관직에 진출했다. 타고난 재능과 기술로 조선 전기 과학기술 수준을 비약적으로 끌어올렸다.

유성룡[柳成龍]

1542년 ~ 1607년. 조선 중기의 문신으로서 임진왜란 때 전시 조정을 이끌었으며, 위기에 빠진 조선왕조를 재정비하기 위해 많은 응급 정책들을 제기하고 시행했다.

인재 등용　99

그리고 얼마 후인 1866년 대원군은 전격적으로 평안도에서 과거를 치르게 했다. 이 시험에서 선우업을 발탁해 승지로 임명했다. 서북 출신을 승지로 임명한 것은 조선왕조 창업 이래 유례가 없는 일이었다. 대원군의 과감하고 파격적인 인사 정책의 일면이라고 할 수 있다.

밑바닥부터의 개혁을 위해 제도는 물론 무엇보다 인사 개혁이 중요했다. 집권 초기 대원군은 발 빠른 개혁 정책을 실천했다. 무엇보다도 먼저 세도가들의 힘을 약화시키기 위해 노력했다. 그리고 이어진 것이 다양한 인재의 발굴이었다. 그러나 인재 발굴 과정에서 대원군은 치명적인 실수를 범했다.

궁궐에 입성하면서 내세웠던 '천리를 끌어들여 지척으로 삼겠다'는 말을 그대로 실천에 옮겼다는 것이다. 천리는 다름 아닌 왕족들과 그들의 종친인 전주 이씨를 의미하는 것이었다. 그들은 왕족이라는 이유로, 왕과 본이 같은 전주 이씨라는 이유로 권력에서 멀어져 있었다.

대원군은 집권하면서 많은 왕족들과 전주 이씨들을 정계에 진출시켰다. 조선은 전통적으로 과거제와 천거를 많이 활용했는데, 국법과는 어울리지 않는 편법을 쓰기도 했다.

어느 해 과거시험을 볼 때는 왕족들과 전주 이씨는 떨어뜨리지 말라는 명을 내리기까지 할 정도였다. 그래서 글자도 모르는 전주 이씨가 벼슬을 한다는 말이 공공연히 나돌 정도였다.

대원군이 왕족들과 전주 이씨를 많이 끌어들인 것은 당연히 그를 뒷받침할 정치세력으로 키우고자 함이었다. 또 이들을 중용함으로써 왕실을 재건하고 왕권을 강화할 수 있다고 생각했는지도 모를 일이다.

왕실 가족들과 전주 이씨들의 등용은 궁궐에 활기를 불어넣었을 것이 분명하다. 그러나 그들을 세력화해 왕권을 강화하기에는 힘이 너무 약했다. 새로 발탁된 인물들이 조선의 기둥이 되려면 많은 시간이 필요했다. 과연 그들이 안동 김씨 세도가들의 권력과 감시를 이겨내고 든든한 개혁의 버팀목이 될 수 있을까? 사실 그때까지도 안동 김씨는 일정 정도 세력을 유지하고 있었다.

'부자가 망해도 3년은 간다'는 말처럼 안동 김씨 세력은 그때까지도 조정 내부 곳곳의 핵심 조직에서 일하고 있었다. 대원군은 그들까지 완전하게 떨궈내지는 못했다. 털어내기보다는 개혁을 실천하는 데 그들을 동참시킬 수밖에 없었다.

그렇다면 과연 대원군이 새로 등용한 인재들은 큰 역할을 했을까? 그렇지 못했다. 얼마 후 고종이 친정을 선포했을 대 그들은 왕비 민씨의 외척인 여흥 민씨 앞에서 바람처럼 사라졌다. 세력화를 이루지 못한 탓이었다.

그것이 대원군 인사정책의 한계였다. 흥선대원군은 분명 인사 개혁에 많은 신경을 썼다. 그러나 그가 원했던 만큼의 성과는 거두지 못했다. 어쩌면 그것이 왕권 강화나 조선 바로 세우기의 발목을 잡았는지도 모를 일이다.

과거제도의 역사와 조선의 관료제도

과거제도의 역사

과거제도는 조정이나 관청에서 일할 인재를 뽑는 제도다. 중국 한나라 때부터 시작됐으며 우리나라에서는 고려 광종 때 후주 사람 쌍기의 건의에 의해 처음 실시되었다. 물론 고려시대 이전인 삼국시대에도 인재를 선발하는 제도가 있었다. 신라의 경우 '독서삼품과'라는 시험이 있었다. 백제나 고구려에도 있었을 것으로 추정되지만 전하는 기록은 없다. 고려시대에 시작된 과거제도는 나라를 운영할 관료를 선발하는 주된 제도로 조선 후기까지 그 명맥이 이어졌다.

고려의 과거제도는 제술과(진사과)와 명경과 및 의과, 복과를 두었다. 제술과는 시와 부, 송, 책 등의 유교경전에 입각해 문예적인 재능을 가진 인재를 뽑는 것이며, 명경과는 유교 경전에 대한 해석으로 인재를 뽑는 것으로, 이 두 과거에 의해 고려의 문인 관료가 선발되었다. 잡과는 법률·의학·천문·지리 등 기술 과목으로 시험을 치렀다. 무과가 없는 것이 특징으로, 고려가 문치주의를 중심에 두고 국정을 운영했기 때문이다. 여러 시험 중에서 가장 격이 낮은 것은 잡과였다. 기술관을 뽑는 시험으로 상공업이 천시되었음을 알 수 있다. 고려의 과거제도는 조선시대까지 그대로 이어졌다. 다만 시대가 달랐기 때문에 뽑은 인원과 과목 등이 조금씩 달랐다. 고려시대부터 시작된 과거 시험은 갑오경장이 있던 1894년을 마지막으로 더 이상 치러지지 않았다.

과거 시험의 종류

과거 시험의 종류는 고려시대나 조선시대나 큰 차이는 없다. 다만 나라의 정책에 따라 과목이 바뀌는 정도였다. 고려 대에는 숭불정책과 문치주의 정책을 펼쳤기 때문에 승려가 될 수 있는 승과가 있는 대신 무과가 없었다. 그러나 조선시대에는 반대로 숭유억불정책을 펼쳤기 때문에 승과가 사라진 대신 무과가 있었다.

과거시험은 정해진 규칙에 따라 치렀는데, 조선시대에는 3년에 한 번씩 치르는 '식년문과'가 공식적인 과거시험이었다. 그렇다고 꼭 식년문과만 있었던 것은 아니다. '증광시'라 하여 왕의 즉위 같은 큰 경사가 있을 때 이를 기념해 과거를 치르기도 했으며, '알성시'라 하여 왕이 문묘제례를 지내고 성균관 유생들을 대상으로 과거시험을 치르기도 했다.

조선시대에는 크게 문관과 무관 그리고 기술관 등 세 분야에서 과거시험을 보았다. 문관의 경우 생진과와 문과가 있는데, 생진과는 소과라고도 부른다. 쉽게 말하면 예비시험을 보는 것으로 생원과와 진사과로 나뉘어져 있으며, 여기에 합격하면 생원이나 진사가 되는 것이다. 그리고 성균관에 입학할 자격이 주어진다. 더 공부하기가 싫다면 바로 하급 관리로 벼슬을 할 수 있었다.

생진과와 더불어 문과가 있었다. 대과라고도 불리는 문과는 3차에 걸쳐 시험을 치러야 한다. 초시·복시·전시(어전시)가 그것으로 초시는 지역의 인구 비례에 의해 선발했으며, 복시에서는 33명을 선발했다. 마지막 전시에서는 33명의 순위를 정하기 위해 왕이 직접 주관해 시험을 본다. 과거에 급제한다는 말은 곧 대과 합격을 말하는 것으로, 고급 관리가 되려면 대과를 거쳐야 하는 것이다. 따라서 과거 급제니 장원 급제니 하는 말은 대과에 합격했다는 뜻이다.

무관을 뽑는 무과는 문과와 비슷한 절차를 거쳐 인재를 선발했다. 문과와 다른 점은 '소과'와 '대과'를 구분하지 않는다는 점이며, 초시·복시·전시의 단계는 똑같다. 무과의 최종 선발 인원은 28명이다.

마지막으로 기술관을 뽑는 잡과는 역과, 의과, 음양과, 율과 등의 분야에서 인재를 선발했다. 역과는 통역을 전문으로 하는 사람이고, 의과는 의원, 음양과는 천문학·지리학·명과학(운명·길흉·화복 등을 연구)의 전문가를 뽑는 기술고시다. 여러 분야 중 단연 으뜸은 문과다. 이들이 바로 훗날 정승이나 판서가 되는 사람들이다.

과거시험 외에도 조선시대에는 벼슬길로 나가는 방법이 있었다. 음서제와 천거제가 그것이다. 음서제는 고위 관료의 자제들이 과거를 치르지 않아도 일정 등급까지 벼슬을 할 수 있는 제도이며, 천거는 우수한 인재를 지방관이 추천하면 관리로 등용하는 제도로 세종 때의 과학자이자 기술자인 장영실이 대표적인 사례다.

조선의 관료제도

조선은 중앙집권적 양반 관료 국가를 지향했다. '중앙집권'이란 '지방분권'에 대비되는 통치 방식으로 모든 정치, 군사, 사회의 권력을 중앙, 즉 왕에게 집결시키는 통치 형태다. 이러한 조선의 통치 구조는 태종이 등극을 하면서 정비되기 시작해 성종 대에 경국대전에 명시됨으로써 확립되었다.

조선의 양반 관료들은 고려시대에 비해 음서보다는 과거시험을 통해 정계에 진출했다. 이것은 조선 사회가 이전 시대에 비해 개인의 능력을 중시했음을 암시하는 것이다. 보다 많은 가문이 관료로 진출했으므로 지배층을 구성하는 폭 또한 그만큼 넓어졌다고 볼 수 있다.

양반들은 조선 왕조 정치 기구 내의 주요 관료가 되면서 사대부 중심의 엄격한 양반 관료 체제를 확립해 나갔다. 관료들의 품계는 정1품에서 종9품까지의 18등급으로 이루어져 있다. 조선은 국왕을 정점으로 한 중앙집권 체제의 완비를 이상적 통치형태로 보았다. 이것이 바로 유교적 왕도정치가 추구하는 것이다.

이를 실천하기 위해 정책의 방향도 영향을 받았다. 조선은 모든 군현에 수령을 파견해 다스렸으며, 왕의 명령이 지방 고을까지 금세 전달될 수 있는 구조를 갖추었다. 중앙집권체제가 기능적으로 자리를 잘 잡았기 때문에 가능한 일이다. 그러다보니 수령들은 중앙정

부 조직의 관료로 승진하기 위해 임기 동안 업무에 충실히 임했으며, 이는 중앙집권적 관료체제의 장점이기도 했다.

이러한 관료들의 중심 세력은 당연히 양반들이었다. 문반과 무반을 일컫는 양반들은 조선의 중심세력으로서 집권층을 이루었으며, 정부의 주요 관직 역시 독점하다시피 했다. 양반 중에서도 무관은 문관에 비해 낮게 당가됐으며, 서얼 출신자는 과거 응시에 제한을 두기까지 했다. 또한 재혼한 어머니의 자손은 높은 관료에 오를 수가 없었다. 뿐만 아니라 조선의 통치구조를 규정하는 경국대전에도 관료선발의 지역적 차등을 명시했을 정도로 관료들의 선발에 지역 차별이 심했다. 함경도 출신의 양반이 고위직에 등용되는 예가 드물었다는 것이 증거라고 할 수 있다.

조선의 합리적인 인사행정제도

관료들을 적재적소에 배치하는 것은 나라 운영에서 매우 중요한 일이다. 조선시대에는 서경권, 상피제, 분경 금지로 확인할 수 있는 나름대로 잘 갖춰진 인사행정제도가 있었다. '서경권'이란 관리를 임용할 때 임용될 자의 신분, 경력 등을 조사해 가부를 승인하는 것을 말한다. 조선은 나름대로 철저하게 조사를 했는데, 임명될 사람은 물론 그 가문까지 청렴하고 비리가 없어야 관리로 임명이 되었다. '상피제'는 관직에 임명할 때 친인척이 근무하는 부서에는 임명하지 않는다는 원칙이다. 지방관을 임명할 때도 그 지역 출신은 임명하지 않았다. '분경 금지'는 관직 수여나 임명과 관련해 고위 관리들을 미리 만나는 것을 금지하는 것이다. 지금으로 말하면 청탁과 뇌물을 막기 위한 것이라고 생각하면 된다. 조선의 이런 인사행정제도는 권력의 집중이나 비대화, 인사 청탁 등을 막기 위한 효율적인 방법이었다.

2장.

○ 부국강병, 조선의 부흥

○ 천주교 탄압과 병인양요

○ 제너럴셔먼호 사건과 신미양요

왕권도 세워졌을까?

경복궁의 중건,

제국주의의 오만함에 반기를 들다

1. 부국강병, 조선의 부흥

그는 서구 열강의 위협에 맞설 수 있는
힘을 기르기 위해 조선의 최고 권력자로서
나름 많은 노력을 기울였다고 볼 수 있다.

숨을 죽이며 종친부에서 일했던 대원군에게 살아있는 왕의 아버지라는 지위 외에는 특별한 정치 세력이 있을 수 없었다. 그래서 문무의 조화를 빗대어 무관들의 격을 높여 이들을 자신의 정치세력으로 만들고자 했던 것이다.

대원군은 집권하면서 무인들을 중용했다. 16세기 정유재란 후 무인들은 어디서도 제대로 된 처우를 받지 못했다. 더구나 세도정치 하에서 문신들은 무신을 하대[下待]하기까지 했다.

어린 고종의 섭정대비 자격으로 처음 조회에 참석했던 1863년 초, 신정왕후는 조정대신들 앞에서 이렇게 발표했다.

"문신들은 군사조직인 오위도총부의 총관(지금의 국방부 차관급)을 지낸 사람들을 재상으로 대접하고 있소. 그러나 공공연하게 무신들을 하대하는 것은 동반과 서반의 체제로 보아 아름답지 못하오. 그러니 이제부터 무신에 대한 예우 규정을 다시 정하도록 하시오."

무신들을 중용하겠다는 뜻이었다. 대비인 신정왕후의 입에서 나온 말이지만, 대원군의 의중이 많이 들어간 발표였다. 그때까지만 해도 조선은 병자호란 이후 200년 이상 전쟁이 없는 평화로운 시대를 보냈다. 조정의 벼슬아치들은 대부분 문신들의 차지가 되었고, 무신들은 한양의 군부대나 지방의 군현에서 직급에 미치지 못하는

오위도총부[五衛都摠府]
조선시대 중앙군인 오위를 총괄하던 최고 군령기관으로, 지금의 합동참모본부와 같은 역할을 했다.

대우를 받으며 근무하는 경우가 많았다. 전쟁이 없는 평화의 시기에는 문신들이 권력을 장악할 수밖에 없었다. 그러다보니 지위는 같았지만 문신들이 무신들을 낮추어보는 경향이 강했던 것이다.

대원군이 이렇게 무신들의 격을 높여준 이유는 무엇일까? 여기에도 치밀한 복선이 깔려 있었다. 바로 자신의 개혁을 추진할 세력을 키우기 위함이었다. 이미 대부분의 문신들은 집권세력인 노론이거나 안동 김씨 세력권 안에 있었다. 숨을 죽이며 종친부에서 일했던 대원군에게 살아있는 왕의 아버지라는 지위 외에는 특별한 정치 세력이 있을 수 없었다. 그래서 문무의 조화를 빗대어 무관들의 격을 높여 이들을 자신의 정치세력으로 만들고자 했던 것이다.

또한 흥선대원군 스스로 부국강병[富國强兵]을 생각하고 있었던 것도 사실이다. 그가 집권할 당시 조선의 군사력을 보면 쉽게 짐작

 **정유재란**
임진왜란(1592년)의 화의협상이 결렬되면서 일본의 2차 침략으로 일어난 조선과 일본 사이의 2년간에 걸친 전쟁이다. 이순신 장군이 명량해전과 노량해전에서 승리함으로써 승자도 패자도 불분명한 7년간의 전쟁은 마무리되었다.

병자호란[丙子胡亂]
1636년(인조 14년) 12월부터 1637년 1월까지 청나라가 조선을 침략해 일어난 전쟁. 인조는 경기도 광주의 남한산성에서 농성하며 결사항전의 결의를 다졌으나, 전쟁 발발 2달만에 삼전도에서 항복의 예를 갖추고 청에 항복했다.

훈련도감 [訓鍊都監]

조선후기 중앙 5군영의 하나로, 임진왜란 때 임시군영으로 설치되었다가 후에 상설기구가 되었다. 훈련도감은 군사훈련은 물론이고 수도방위와 국왕의 호위임무도 수행했다.

어영청 [御營廳]

조선 후기 중앙 5군영의 하나로 인조반정에 성공한 서인정권에 의해 창설되었다. 어영청의 주요 임무는 국왕의 호위와 도성의 수비였으며, 그 외에도 중앙관청의 파수병을 비롯한 여러 임무를 수행했다.

금위영 [禁衛營]

조선 후기 5군영의 하나로 병조판서의 직할병으로 설치한 정초군과 훈련도감의 훈국중부별대를 통합해 만들었다.

할 수 있다. 당시 군사력은 형편없었다. 물론 양인개병과 병농일치의 원칙으로 본다면 전국의 16세 이상 60세 이하의 모든 양인 남성은 모두가 군사력에 포함될 수 있겠지만, 정예군이라 할 수 있는 상비군은 겨우 훈련도감에 3천여 명, 어영청과 금위영에 250명이었으며, 지방에 약간의 군사가 있는 정도였다. 나라를 지켜야 할 군인의 수가 턱없이 부족했다.

게다가 군대에 근무하는 사람들마저 나이 든 사람이 많았고, 총기와 장비는 녹이 슬어 쓸 수조차 없는 상태였다. 각 부대는 재정이 부족해 유지 경비나 급료조차 제대로 주지 못했다. 무기의 제조나 신무기 개발은 언감생심, 생각조차 하기 힘들었다.

이와 관련해 재미있는 기록이 전해진다. 당시 훈련대장이던 신헌의 상소를 보면 '조총이 전국에 10만 정이 넘지만 실상 쓸 수 있는 것은 수백 정에 불과하다'라고 기록되어 있다. 그만큼 조선의 국방력은 형편이 없었다.

삼군부 총무당   조선시대 군무를 총괄하던 삼군부 청사의 중심이 되던 건물. 서울 성북구 삼선동 삼선공원 안에 있다.

무관들에게 실질적인 권한을 부여한 대원군은 곧바로 군제 개혁으로 몰아갔다. 대원군이 집권하기 전까지 국방에 대한 일체의 업무는 비변사에서 맡고 있었다. 그러나 대원군은 비리와 세도 정치의 근간이었던 비변사를 철폐하면서 원래 국방을 담당했던 삼군부[三軍部]를 부활시켰다. 삼군부를 명실공히 조선의 최고 연합사령부로 출범시킨 것이었다. 즉 삼군부를 창설하면서 비변사가 장악하고 있던 군권을 옮겨왔다. 그리고 국방업무를 전담할 수 있는 전문성을 부여해 주었다.

이후 대원군은 국방력 강화에 팔을 걷어붙였다. 그는 왕이 바뀔 때마다 창설하고 사라지는 친위대를 키운 것이 아니었다. 중앙군을 중심으로 군사력을 전반적으로 정비해 한양과 강화도 등 경기도 북부의 방위까지 책임지게 했다.

또한 도읍지 방위 뿐만 아니라 그동안 버려진 것이나 다름없었던 지방의 군현과 바다의 방위까지 보호하는 국방 개혁에 모든 노력을 기울였다. 병인양요 당시 겨우 400명이 주둔하던 강화도의 군사 수는 3천여 명으로 늘었다. 병조와 삼군부의 고위직에도 무관들이 임명되면서 무관들의 사기도 올라갔다. 아울러 국방에 대한 재정도 안정을 찾아갔다. 한양에서 거둔 성문세와 상품 유통세 등의 새로운 세금 일부가 병조는 물론 부대의 재정까지 안정시키고 있었다.

여기에 프랑스군과 미군의 대포를 보고 포대를 신설해 정예부대로 양성시켰다. 1866년부터는 과거 시험인 무과에 화포과를 신설할 정도로 신경을 썼다. 덕분에 사실상 흩어졌던 포수들이 다시 정비되기 시작해 대원군 집권 말기에는 포군만 해도 약 3만여 명에 이를 정도였다.

물론 3만 명이 상시 병력은 아니었다. 교대로 근무를 해야 하는 병력이었지만 정기적인 급료를 주고 엄격한 훈련을 시킴으로써 조

신헌[申櫶]
조선후기 무신 겸 외교관으로 실학과 개화파의 영향으로 근대적 군사제도 수립에 노력했다. 일본과의 강화도조약(1876년), 미국과의 조미수호통상조약(1882년) 체결 때 조선 대표로 참여했다.

삼군부[三軍府]
조선 말기의 군사 행정기관으로 의정부의 기능을 확대·강화하기 위해 비변사를 폐쇄하면서 비변사의 군사업무를 총괄할 기관으로 설치됐다.

부국강병, 조선의 부흥　113

홍이포 조선의 화력 무기 중 가장 긴 사거리를 가진 포
강화도 초지진 안에 있는 홍이포로, 모형이 아닌 진품이다.

선의 포대는 전투력을 유지해 나갔다. 화약과 총탄의 쓰임새도 많아짐에 따라 군부대가 있는 지역에서는 화약과 총탄도 대량으로 만들었다. 화포를 수리하고, 제작하기도 했다. 프랑스와 미국의 화력에 대응하기 위한 화포 제작을 위해 거금 5만 냥을 지원하기도 했다. 신무기 개발에도 박차를 가했다. 당시 군사 장비를 기록해 놓은 '훈국신조군기도설'이라는 책에는 조선이 개발한 신무기가 그림으로 자세히 실려 있다.

이 책에 등장하는 신무기가 바로 '수뢰포'다. 수뢰포는 수중에 설치, 적의 군함을 폭파시키는 무기다. 수중에 설치한 후 일정한 시간이 지나면 수뢰포 내부에 물이 차오르고 그 수압에

의해 작동되는 수중 시한폭탄이었다. 오늘날 해군에서 사용하는 기뢰와 비슷한 무기였다. 시도 때도 없이 조선 바다를 침략해오는 서양 군함을 폭파시키기 위해 만든 첨단 신무기였던 것이다.

이러한 대원군의 노력은 아무 대비나 대책도 없이 나라 문을 걸어 잠근 것이 아니라는 점을 의미하는 것은 아닐까? 그는 서구 열강의 위협에 맞설 수 있는 힘을 기르기 위해 조선의 최고 권력자로서 나름 많은 노력을 기울였다고 볼 수 있다.

그러나 그런 노력에도 불구하고 조선의 군사력 강화는 지속적으로 진행되지 못했다. 가장 큰 문제는 역시 재정이었다. 3만여 명에 달하는 군사들에게 매월 지급해야 하는 급료만 해도 호조의 1년 예산과 맞먹을 정도였다. 결국 재정의 궁핍으로 인해 더 이상의 국방력 강화는 힘이 들었다. 게다가 얼마 후에는 아들 고종이 친정을 선포하면서 대원군이 구상했던 조선의 국방력 강화는 요원한 꿈이 되고 말았다.

훈국신조군기도설
조산말기 훈련도감에서 편찬한 병서.

조선의 군사제도

조선의 군사조직

조선 전기의 군사 조직은 크게 중앙군과 지방군으로 나뉘어 있었다. 중앙군은 말 그대로 도읍지인 한양에 머물면서 왕을 호위하고 도읍을 방위하는 군인들이다. 지방군은 각 지방에서 국경과 고향 땅을 방위하는 임무를 맡고 있었다. 그런데 중앙군과 지방군은 차이가 컸다. 중앙군은 무과를 통해 발탁된 뛰어난 인물들을 중심으로 월급을 받고 근무하는 직업 군인들이었다. 이들은 정기적으로 훈련을 받는 군인들로 당연히 조선의 정예군이었다. 전투력이 뛰어났기 때문에 도읍지를 방위하는 것이 그들의 주 임무였다. 반면 지방군은 임시직으로 병마절도사나 수군절도사 아래 편성된 군인들을 말한다. 이들은 평소에는 농사를 짓다가 전쟁이 나거나 외적의 침략이 있을 때 전쟁터로 나가는 군인들이다. 여기에 더해 지방에는 잡색군을 두었는데, 이는 오늘날의 향토예비군으로 군역의 의무가 없는 사람들을 훈련시켜 유사시 향토방위를 위해 동원할 수 있게 했다.

조선 중기 임진왜란을 겪으면서 대대적인 군사조직 개편이 있었다. 지방군은 큰 차이가 없었지만, 중앙군은 다섯 개의 군영으로 나누어 따로 임무를 주었다. 왜란 중 설치된 훈련도감은 군사들을 양성하는 기관으로, 육군은 물론 수군까지 양성해 냈다. 이괄의 난(1624년) 이후에 설치된 어영청은 왕을 호위하던 군영으로 17대 효종의 북벌추진 때 핵심전력으로 활용되기도 했다.

역시 이괄의 난 이후 설치된 총융청은 도읍지인 한양의 외곽 경비를 위해 설치했던 군영이다. 이밖에 남한산성을 방비하기 위해 설치한 수어청, 궁성의 수비를 담당했던 금위영 등이 있다. 물론 중앙군은 정조 대에 오면 조금 변화를 겪는다. 정조는 자신을 호위하고 개혁을 추진하기 위한 강력한 특수부대로 장용영을 설치하기도 했다.

평민 남자는 누구나 군인

조선 전기에는 16세부터 60세까지의 양인 장정(정남)이라면 누구나 군대에 가야 했다. 이것이 바로 '양인개병제'라고 부르는 것이다. 일정한 나이가 된 남자가 군대에 가는 건 조선시대에도 마찬가지였다. 그렇다고 해서 실제 모든 양인이 군대에 간 것은 아니다. 농사를 지어야 할 사람이 있어야 하기 때문에 농민 3명을 기준으로 한 명만 가까운 지방 군대나 멀리 도읍지까지 올라가 훈련을 받고, 궁궐과 그 주변을 지키는 일을 했다. 그리고 군대에 가지 않은 나머지 두 명은 지방군에 소속이 되어 평소에는 농사를 짓다가 정해진 시간에 군사훈련을 받고, 전쟁이 일어나면 전쟁터로 나가는(병농일치) 시스템이었다. 대신 이들은 군역을 부담해야 했는데, 그것이 바로 군포다.

조선시대에는 실제로 군대에 가는 사람을 '정군'이라 불렀으며, 군역을 내는 사람을 '봉족'이라 불렀다. 조선 후기에는 군사제도를 의무병제가 아닌 직업병제로 바꾸어 국방을 담당하게 했다. 그러나 재정이 부족하고, 관료들의 부패로 인해 군사력이 급격히 약화되었다. 1882년 임오군란이 일어난 이후에는 군대다운 군대가 없을 정도로 국방력은 형편없었다.

전통적인 조선의 방어 체제

조선의 국방 체계는 시기별로 진관체제, 제승방략체제, 속오법체제로 변화했다. 조선 초기인 세조 때는 전국의 군현을 진관으로 묶어 방어하게 했다. 진관체제는 외적이 침입을 하면 스스로 자신들의 지역을 지키는 것이다. 다른 지역에서 전투가 벌어져도 자신이 편성된 진관에 참가해 그곳만 지키면 되는 제도로 다른 곳의 전투에는 관여할 필요가 없는 방어체제였다. 그러나 이 제도는 적의 숫자가 많을 경우 손쉽게 무너지는 약점을 가지고 있었다. 이후 명종 때는 집단방어체제인 제승방략체제로 바꾸었다. 외적의 침입에 따라 전쟁이 일어나면 각 지역의 군사들이 전투가 일어난 지역으로 모이고, 조정에서 파견된 장수의 지휘로 일사분란하게 적을 물리치는 방법이었지만 이 또한 치명적인 약점이 있는 방어체제였다. 제승방략체제는 특히 임진왜란 때 크게 구멍이 뚫리고 말았다. 왜군이 쳐들어왔지만 중앙에서 제때 장수가 내려오지 못하면서 군사들이 뿔뿔히 흩어지는 결과를 가져왔기 때문이었다.

결국 조선 정부는 임진왜란 후 다시 속오법으로 바꾸었다. 진관체제와 비슷한 방법이었지만, 시대에 맞게 발전한 방어체제로 평시에는 농사를 짓다가 전쟁이 나면 모두가 국가 방어를 하는 것이었다. 속오법은 실제로 정유재란 때 왜군의 북진을 막는 데 큰 역할을 했다.

2. 천주교 탄압과 병인양요

대원군은 국면을 전환해야 함을 느꼈다.
가만히 있다가는 권좌에서 밀려날 수도 있는 상황이었다.
대원군은 정치적인 위기에서 벗어나기 위해
새로운 카드를 빼 들었다. 바로 천주교도 박해였다.

안동 김씨 세력들의 집요한 천주교 탄압 요구와
대원군의 정치적 위기가 부른 참극이 바로 병인박해였다.

　대원군은 하루라도 빨리 경복궁 공사를 마무리 짓고 싶었다. 그러나 공사는 생각만큼 빠르게 진행되지 않았다. 엎친 데 덮친 격으로 안동 김씨 세도가들과 유생들까지 들고 일어나는 사건이 발생했다.
　안동 김씨 세력들과 유생들이 일제히 대원군을 공격한 데는 이유가 있었다. 경복궁 중건을 위해 시도 때도 없이 세금을 걷고, 공사 진척이 지지부진한 것도 하나의 원인이었다. 그러나 더 근본적인 원인은 국법으로 금지된 천주교도들을 접촉한다는 소문 때문이었다. 그들은 기회를 잡았다는 듯 강경하고 집요하게 대원군을 공격했다.
　'내가 괜히 천주교도들을 통해 프랑스 선교사들을 만나려고 시도한 것인가?'
　흥선대원군이 우리나라 천주교도들을 통해 프랑스 선교사들을 만나려고 한 것은 기록에도 전해지듯 사실이었다. 그가 집권하기 이전부터 러시아는 남하정책[南下政策]을 추진하고 있었다. 겨울 추위에도 얼지 않는 항구, 즉 부동항을 얻기 위해서였다.

제1차 아편전쟁
1840년 ~ 1842년 청나라의 아편 단속을 빌미로 영국이 일으킨 침략전쟁.

    차르 체제의 군주국이긴 했지만 근대화를 통해 강대국으로 성장하고자 했던 러시아에게 당시 군사적으로나 경제적으로나 가장 필요했던 것은 겨울에도 군함들이 정박할 수 있는 부동항의 확보였다. 러시아는 북쪽에 치우친 데다 겨울이면 항구들이 꽁꽁 얼어붙었다. 그래서 국가적으로 남하정책을 추진한 것이었다. 남하정책의 대상은 당연히 지중해와 연결된 러시아 남부 흑해 연안과 대양인 태평양에 면한 극동지역, 특히 조선이었다.

    대원군이 집권할 즈음, 러시아는 조선의 두만강 유역까지 진출하면서 정부에 끊임없이 통상을 요구했다. 러시아의 움직임이 활발해질 무렵 동아시아의 국제정세도 매우 급박하게 돌아가고 있었다.

    1840년대 초반 제1차 아편전쟁에서 청나라는 영국에게 패하면서 영국에 99년간이나 홍콩을 떼어 넘겨주어야 했다. 또 1853년에는 일본이 미국의 함포에 굴복하며 강제 개항을 하고 있었다. 그리고 1860년대에는 청나라의 수도였던 북경이 영국·프랑스 연합군에 의해 함락되는 등 이른바 서세동점[西勢東漸]의 시기였다.

    대원군 역시 급격히 변하고 있는 조선을 둘러싼 국제정세에 대

서세동점[西勢東漸]
서양이 동양을 지배한다는 뜻으로, 밀려드는 외세와 열강을 이르는 말.

천주교 탄압과 병인양요   123

남종삼 흉상

남종삼 [南鍾三]

1817년 ~ 1866년. 병인박해 때 순교. 고종 즉위 초 왕족 자제들의 교육을 담당한 인연으로 흥선대원군과 친교를 맺었으며, 천주교의 공인을 위해 프랑스 주교를 이용, 러시아의 늠하정책을 막자는 의견을 제시했다.

해 청나라를 다녀온 사신들의 보고를 통해 잘 알고 있었다. 그러나 애써 무시하며 문을 걸어 잠갔다. 바로 그때 러시아가 남하해 조선에 통상을 요구한 것이었다. 러시아의 요구에 조선 정부는 기겁을 했다. 당시 조선은 통상[通商]이라는 게 무엇인지도 잘 모르던 때였다.

러시아의 남하는 권력을 쥐고 있는 대원군에게 커다란 위협이었다. 영토를 수호해야 하는 최고 권력자로서 어떻게든 그들을 막아야 했다. 그러나 조선은 그들을 막을 만한 힘도 군사력도 가지고 있지 못했다. 천주교 신도인 남종삼이 나타나 나름대로의 해결책을 제시한 것이 바로 그때였다.

"대감께서도 프랑스 주교들과 신부들이 조선에 있다는 것은 알 것입니다. 프랑스와 동맹을 맺는다면 러시아의 군함들을 막을 수 있는 방편이 있을 듯합니다."

"그렇다면 그들을 만나게 해주시오! 어떻게 하면 만날 수 있겠소?"

대원군이 은밀하게 추진하던 프랑스 신부와의 접촉은 만나기도 전에 사단이 나고 말았다. 안동 김씨 세력들과 유생들이 대원군의 사저

운현궁
서울 종로구 소재로
흥선대원군의 사가[私家].

인 운현궁에 천주교도들이 들락거린다는 것을 알아챈 것이었다.

충효를 기본으로 하는 유교사상을 조선의 유일한 사회체제로 인정하는 그들의 입장에서 보면 대원군은 지엄한 국법을 어긴 것이었다. 그들은 집요하게 대원군을 물고 늘어졌다. 불법인 천주교와 천주교도들을 몰아내라며 점점 강하게 압박을 가해왔다.

대원군은 국면을 전환해야 함을 느꼈다. 가만히 있다가는 권좌에서 밀려날 수도 있는 상황이었다. 대원군은 정치적인 위기에서 벗어나기 위해 새로운 카드를 빼 들었다. 바로 천주교도 박해였다.

프랑스 신부들과 접촉을 시도했다가 그의 태도가 갑자기 돌변한 이유는 무엇일까? 러시아를 견제하기 위해 접촉을 시도했던 대원군이었다. 러시아가 물러났으니 프랑스 신부들과도 접촉단 끊으면 될 일이었다. 그러나 대원군은 아예 무서운 반격 카드를 썼다.

안동 김씨 세력과 유생들의 압박에서 벗어나고, 새로 정국의 주도권을 잡기 위한 승부수가 바로 천주고도 박해 사건이었던 것이다. 안동 김씨 세력들의 집요한 천주교 탄압 요구와 대원군의 정치적 위

절두산 성지 서울 마포구 합정동 일대의 천주교 순교 사적지.

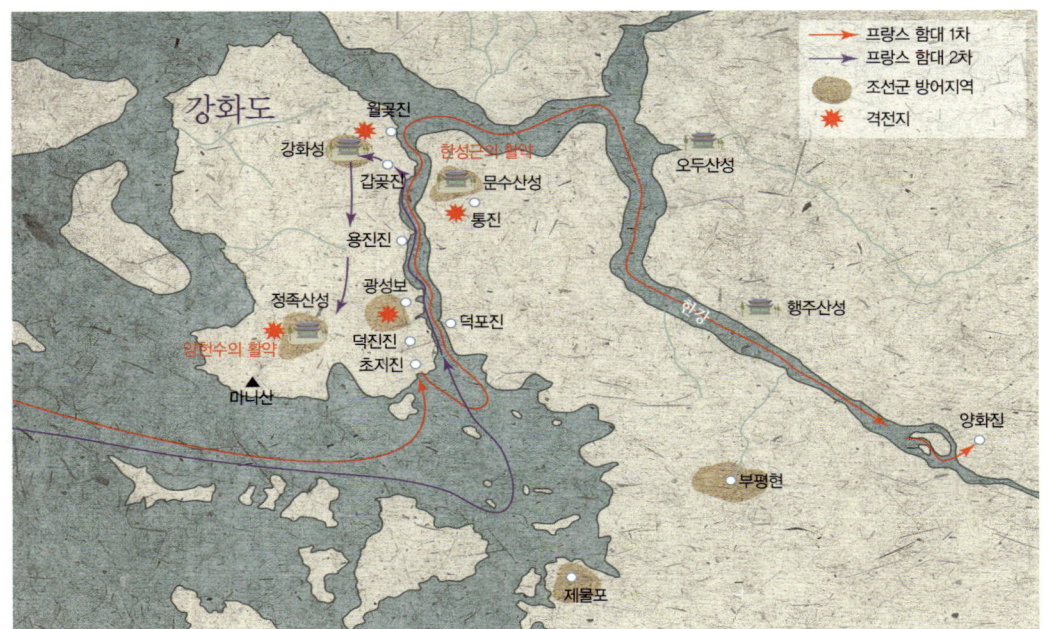

병인양요 전투도

쇄국정책
조선시대 후기 외국과의 통상을 제한해 교류관계를 맺지 않았던 외교정책으로 통상수교거부정책과 같은 의미.

기가 부른 참극이 바로 병인사옥이었다.

1866년 병인년에 일어났다 하여 '병인박해[丙寅迫害]'라고도 불리는 이 사건으로 프랑스 신부 9명을 비롯, 8천여 명의 천주교 신도들이 목숨을 잃었다. 병인박해에 대한 대가는 오래지 않아 나타났다.

그해 9월 프랑스군이 군함 7척과 해군 600명을 이끌고 조선의 바다에 나타났다. 이들은 병인박해 당시 목숨을 잃은 프랑스 선교사들에 대한 사과와 배상, 그리고 책임자 처벌을 요구했다. 그러나 대원군을 비롯한 조선 조정은 그들의 말을 들어줄 생각이 없었다. 조선 측의 답변이 없자 프랑스군은 강화도로 건너가 갑곶진을 점령해버렸다. 그리고 강화유수부까지 접수했다.

이미 통상수교거부정책[通商修交拒否政策]을 내세운 대원군과 조

정족산성 서문 종해루　　　양헌수 장군 승전비

선 조정은 서양의 물건까지 불사르며 전의를 불태웠다. 그리고 서양 세력과 싸워 무찌를 것을 맹세했다. 이어 강화도를 탈환하기 위해 비밀리에 양헌수 대장을 중심으로 강화도에 중앙군을 잠입시켰다. 그리고 정족산성에서 매복 공격으로 프랑스군의 우세한 화력을 꺾었다.

　프랑스군을 상대로 한 전투에서의 승리!

　이 승리가 대원군에게 준 자신감은 엄청난 것이었다. 조선도 서양 군대를 물리칠 수 있다는 용기를 갖게 했다. 통상을 거부한다 해도 두려울 것이 없다는 생각도 가지게 되었다. 대원군은 조선의 문을 걸어 잠그는 '쇄국정책[鎖國政策]'을 펴도 괜찮다는 자신감을 갖게 된 것은 아닐까?

　전의를 상실한 프랑스군은 얼마 후인 11월 후퇴를 결정했다. 강화도 점령 후 한 달 만이었다. 프랑스군의 후퇴는 그냥 후퇴가 아니었다. 그들은 조선 왕실의 주요 서적과 유물들을 보관하던 외규장각의 물건들을 탈취한 후 불을 지르고 후퇴했다. 이 사건이 바로 병인양요[丙寅洋擾]다.

외규장각[外奎章閣]

조선 후기 정조에 의해 1782년 설립된 규장각의 부속기관으로 영구 보존 가치가 있는 왕실 보유 도서나 기록물을 보관하기 위해 강화도에 설치한 왕실의 외곽 서고

조선의 기록물

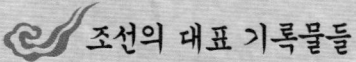 조선의 대표 기록물들

조선시대의 기록물은 시기적으로 현대와 가까워서인지 많이 남아 있다. 가장 대표적인 조선왕조실록을 비롯해 승정원일기, 의궤, 일성록 등으로 조선 정부의 주도로 작성된 기록물들이다.

조선왕조실록은 조선을 건국한 태조 이성계부터 철종까지 약 500여 년 간의 역사적 사실을 각 왕별로 기록한 편년체(연월에 따라 책을 기술하는 방법)의 기록물이다. 기록된 일들이 틀림없는 역사적인 사실이기 때문에 조선왕조실록은 1996년에 유네스코로부터 '세계기록문화유산'으로 지정되었다. 실록은 세계에서도 유례가 없는 역사 기록물로, 단일 왕조의 역사 기록 중에서 가장 방대하다. 조선왕조실록에는 고종과 순종의 실록은 빠져 있다. 대신 두 왕에 대해 일제 강점기에 만들어진 실록이 있다. 그러나 일본에 의해 기록이 왜곡되었기 때문에 많은 비판을 받고 있는 게 사실이다. 여기에 또 하나 알아두어야 할 게 바로 '일기'라는 제목을 가진 실록이다. 일기라는 제목이 붙은 실록들은 폐위된 왕의 기록이라고 보면 된다. '연산군일기'나 '광해군일기', '노산군일기'가 그것이다. 이중 노산군일기는 숙종 때 '단종실록'으로 승격되었다.

조선왕조실록과 함께 조선의 기록물을 빛나게 하는 것은 역시 세계기록문화유산으로 지정된 '승정원일기'와 '의궤'라고 할 수 있다. 승정원일기는 왕의 하루 일과와 지시 내용, 각 부처에서 보고한 내용, 신하들이 올린 상소문 등을 매일매일 기록한 책이다.

의궤는 왕실이나 국가에 큰 행사가 있을 때 후세 사람들이 참고할 수 있도록 행사의 준비 과정부터 진행 과정, 결과, 비용과 인원, 행사 절차 등을 기록해 놓은 책이다. 또 유네스코에 의해 세계기록유산으로 지정된 '일성록(日省錄)'은 영조 36년인 1760년부터 순종 4년인 1910년까지의 국정운영 내용을 매일매일 일기체로 기록한 국왕의 일기다. 이 외에도 조선시대의 자랑스런 기록물은 우리의 역사를 새롭게 인식하는 데 중요한 사료로 이용되고 있다.

역사의 산증인 사관[史官]과 사초[史草]

조선은 기록에 있어서만큼은 세계 최고일 정도로 기록을 중요시했다. 그때그때의 기록이 후세에 길잡이가 되고 생활에 도움이 될 것이라는 판단에서 그런 것은 아닐까? 조선왕조실록을 비롯한 다양한 조선의 기록물들은 당시 전문적으로 왕의 하루하루를 기록하는 사관이 있었기 때문에 가능했다.

사관들은 한 마디로 기록 전문가들이다. 그들은 춘추관에 소속된 벼슬아치들로, 과거 시험의 장원 급제자 중에서도 문벌이 좋거나 학문이 높은 사람을 뽑았다. 왕이 있는 자리에는 언제나 참석해 왕의 일거수일투족을 기록으로 남겼다. 이들은 조회는 물론 조참이나 경연, 윤대, 중신회의 등에 참석해 회의 내용을 기록으로 남겼다. 이때 처음으로 기록된 것을 '사초'라고 부른다. 사초는 역사서 편찬의 기초가 되는 첫 번째 자료로, 1년 단위로 자료들을 묶어 춘추관에 보관했다. 그리고 왕이 세상을 떠나면 그 사초들을 기초로 왕조실록이나 승정원일기 등을 만들었다. 사관들은 어떤 일이 있어도 사초를 밖으로 빼내거나 그 내용을 함부로 말할 수 없도록 법으로 규정되어 있었다. 당시에 일어난 일들이 왜곡될 수 있기 때문이었다. 이러한 원칙이 잘 지켜지지 않아 일어난 일이 바로 연산군 때의 무오사화다.

외규장각 인천광역시 강화군 강화읍 관청리의 고려궁지 안에 있는 외규장각.

조선의 기록물 보관제도

조선왕조실록이나 승정원일기, 의궤 등은 어떻게 지금까지 고스란히 남아있을 수 있었을까? 이는 전적으로 조선의 분리 보관, 사본 작성 등 천재지변이나 전란으로 인한 기록물 유실에 대비해 기록물을 보관했던 제도 덕분이라고 할 수 있다. 조선시대에는 여러 가지 기록물 보관창고, 즉 국가적 차원의 기록물 보관제도가 있었다. 가장 널리 알려진 것이 바로 사고[史庫]다.

사고는 조선왕조실록을 보관하던 곳으로 서울의 춘추관, 경상도의 성주, 전라도의 전주, 충청도의 청주 이렇게 전국 4곳에 설치되었다. 사고와 함께 조선시대 왕실서적을 보관할 목적으로 설치한 도서관이 바로 창덕궁 후원의 규장각과 강화도에 설치했던 외규장각이다. 이외에도 도서나 문서를 보관하던 '가각고'라는 관청이 있었으며, 정부나 지방의 문서를 보관하던 '문서고'도 있었다. 또한 사람들의 신분관계를 적어놓은 호적을 보관하던 '호적고'도 관아마다 설치되어 있었다. 조선은 이렇게 다양한 국가 기록물을 보관할 수 있도록 제도를 마련해 우리가 오늘날에도 조선시대의 각종 기록이나 문서들을 온전하게 볼 수 있는 것이다.

조선왕조실록을 지킨 사람들

임진왜란 때 조선왕조실록은 전쟁으로 인해 소실될 위기에 처해 있었다. 조선왕조실록을 보관하고 있던 사고들이 왜군에 의해 불에 탔기 때문이었다. 전주에 있는 전주사고단 그나마 전란의 화를 면했는데, 오래지 않아 왜군이 가까이 왔다는 소식이 들리자 전라도관찰사는 전주사고에 있는 책들을 내장산 암자에 옮겨 보관하기로 결정했다. 이 때 조선왕조실록을 내장산까지 옮긴 인물이 바로 손홍록과 안의라는 인물이다. 1년여 후 두 사람은 다시 아산으로 실록을 옮겼다. 그러나 임진왜란의 화의협상이 결렬된 후, 1597년 일본의 재침략으로 정유재란이 발생하자 두 사람은 다시 조선왕조실록을 묘향산의 보현사로 옮겼다. 이들의 수고 덕분에 조선왕조실록은 화를 면하고, 훗날 다시 간행될 수 있었다.

3. 제너럴셔먼호 사건과 신미양요

조선군의 공격으로 제너럴셔먼호는 불에 타고,
선원들은 모두 죽고 말았다.
서양 세력과 통상을 하지 않겠다는 폐쇄정책이 가져온
결과였다. 이 사건은 훗날 조선과 미국의 전쟁으로 이어졌다.
그것이 바로 1871년에 일어난 신미양요다.

시시각각 위기가 닥쳐오자 제너럴셔먼호 선원들은
평양성을 향해 대포를 쏘기 시작했다.
제너럴셔먼호의 느닷없는 공격에 사망자가 발생하자
평양감사 박규수는 조선군에게 공격 명령을 내렸다.

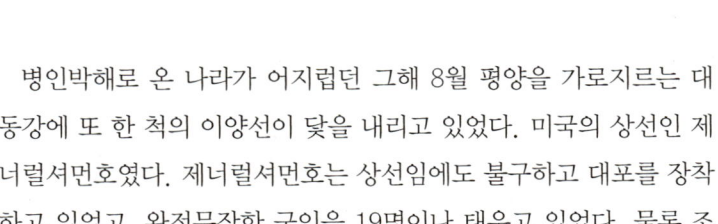

박규수(朴珪壽)
1807년 ~ 1876년. 조선 후기의 문신. 할아버지 연암 박지원의 실학사상을 기반으로 개국통상론을 주장해 초기 개화사상 형성에 중요한 역할을 했다.

병인박해로 온 나라가 어지럽던 그해 8월 평양을 가로지르는 대동강에 또 한 척의 이양선이 닻을 내리고 있었다. 미국의 상선인 제너럴셔먼호였다. 제너럴셔먼호는 상선임에도 불구하고 대포를 장착하고 있었고, 완전무장한 군인을 19명이나 태우고 있었다. 물론 조선과 교역할 물품들도 많이 싣고 있었다.

조선의 병사들은 이양선이 나타나자마자 물러나라고 소리쳤다. 그러면서 평양감사인 박규수에게 알렸다. 당시 조선은 외국의 어떤 세력과도 통상을 하지 않겠다는 '통상수교거부정책'을 시행하고 있었다. 제너럴셔먼호라고 예외일 수 없었다.

그러나 제너럴셔먼호는 조선군의 경고를 무시하고 때마침 장마로 수량이 불어난 대동강을 이용해 평양의 만경대까지 항해해 올라왔다. 조선의 입장에서 보면 제너럴셔먼호의 대동강 항행은 조선의 국토를 침범한 전쟁행위였다.

그러나 '낯선 사람을 잘 대접해야 한다'는 전통에 따라 조선의 관리는 세 차례나 음식을 공급하며 후하게 대해주었다. 그러는 사이

장마가 그쳐 대동강의 수량이 줄어들면서 제너럴셔먼호가 모래톱에 갇혀버리고 말았다.

　상황이 이렇게 되자 제너럴셔먼호 선원들은 조선군의 공격과 낯선 나라에서 겪게 될지도 모를 일에 대한 불안함으로 이성적인 판단력을 잃어가고 있었다. 이들의 불안함과 초조함은 결국 사고를 불러 일으켰다. 조선군 한 명을 납치하면서 난폭한 행동을 하기 시작한 것이다.

　가만히 지켜보고만 있던 조선인들은 제너럴셔먼호가 호의를 베풀어 준 것을 배신으로 갚는다며 싸울 준비에 들어갔다. 시시각각 위기가 닥쳐오자 제너럴셔먼호 선원들은 평양성을 향해 대포를 쏘기 시작했다. 제너럴셔먼호의 느닷없는 공격에 사망자가 발생하자 평양감사 박규수는 조선군에게 공격 명령을 내렸다.

　결국 조선군의 공격으로 제너럴셔먼호는 불에 타고, 선원들은 모두 죽고 말았다. 서양 세력과 통상을 하지 않겠다는 폐쇄정책이 가져온 결과였다. 이 사건은 훗날 조선과 미국의 전쟁으로 이어졌다. 그것이 바로 1871년에 일어난 신미양요[辛未洋擾]다.

　신미양요가 일어나기 전 미국은 1867년과 1868년 두 차례에 걸쳐 조선의 해역을 조사했다. 현대의 국제 관계로 보면 다른 나라의 영토를 침범하는, 침략행위와 다를 바 없었다. 그러면서 제너럴셔먼호 사건의 진상을 조사했다. 말은 진상 조사였지만 사실은 제너럴셔먼호 사건을 일으킨 것에 대해 보복하고, 손해배상을 청구하기 위해 무력시위를 하러 온 것이었다. 그들은 여차하면 공격을 감행해 조선과 통상을 하려 했다. 일본에서 써먹은 무력시위의 방법을 조선에도 활용하려 했지만, 조선의 단호한 대응에 실천으로까지 옮기지는 못하고 돌아갔다.

　1871년 미국 정부는 일본을 굴복시켰던 방식인 함포를 앞세워 힘

손돌목돈대
인천광역시 강화군 불은면 덕성리에 있는 돈대로, 덕진돈대와 함께 덕진진에 소속되어 있다.

으로 조선을 개항시키고자 결단을 내렸다. 그리고 아시아 함대를 발진시켜 조선의 해역으로 군대를 출동시켰다.

당시로서는 대규모 원양 함대인 군함 5척에 해군과 해병 1,230명에 이르는 함대를 조직해 조선에 파견한 것이었다. 5척의 군함에는 자그마치 85문의 대포가 실려 있었다.

아시아 함대 사령관인 로저스는 인천 앞바다에 도착하자마자 조선 정부에 경고의 메시지를 보냈다.

"조선이 미국의 평화적인 협상요청을 거부할 경우에는 무력시위를 할 것이며, 그것도 안 될 경우에는 군사 작전으로 강제로 개항하게 할 것이다!"

미국의 명백한 침략행위였다. 게다가 미군은 한양으로 가는 수로를 찾기 위해 강화해협을 살펴보겠다고 엄포까지 놓았다. 강화해협을 살피러 올라오자 조선군은 손돌목 부근에서 기습공격을 감행했

초지진
신미양요 당시 미군과 치열한 전투를 벌였던 초지진. 돈대 바로 옆이 바다이다.

다. 미군과의 첫 군사적 충돌이었다.

제국주의[帝國主義, Imperialism]
직접적인 영토의 획득이나 다른 지역에서의 정치적, 경제적 통제력을 얻어 실질적으로 세력이나 지배권을 확장시키려는 국가정책.

미군은 조선의 공격에 손해배상을 하라며 윽박질렀다. 그리고 며칠 후 초지진에 대규모 포격을 가했다. 첨단 무기 앞에 조선군은 속수무책으로 당하고 말았다. 초지진에 이어 덕진진, 광성보가 차례로 미군의 함포에 의해 함락당하고 말았다.

광성보에서는 어재연 장군을 비롯한 350여 명의 조선군이 전사했다. 미군은 이 전투에서의 승전 기념으로 어재연 장군이 사용하던 수자기를 빼앗았다.

미군의 조선 침략은 분명히 제국주의적인 침략전쟁이었다. 물론 개항을 촉구하고자 무력시위를 했다고 하지만, 그들의 행위는 분명 전쟁이었다. 이러한 미국의 침략에도 대원군을 비롯한 조선 조정은 굴복하지 않았다. 끝까지 나라의 문을 걸어 잠그고 그들의 요구를 거절했다. 결국 미군은 조선을 개항시키는 것이 불가능함을 깨닫고

미국으로부터 장기 대여 방식으로 반환된 어재연 장군의 수자기.

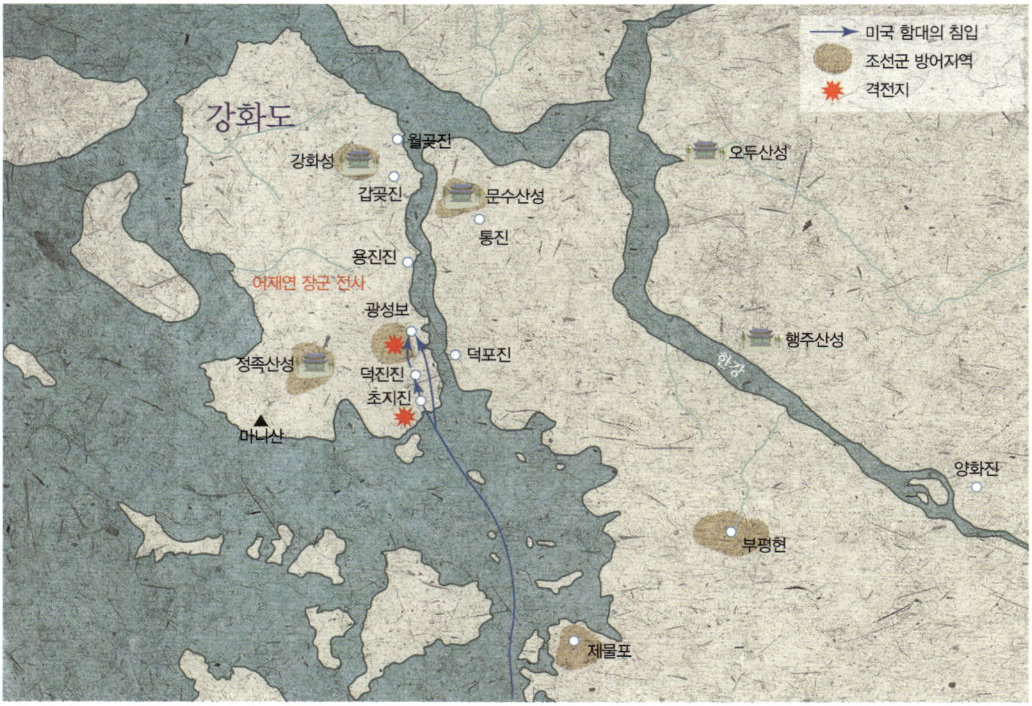
미국 함대의 침입
조선군 방어지역
격전지
강화도
월곶진
강화성
갑곶진
문수산성
통진
오두산성
용진진
어재연 장군 전사
광성보
덕포진
행주산성
정족산성
덕진진
초지진
한강
마니산
양화진
부평현
제물포

신미양요 전투도

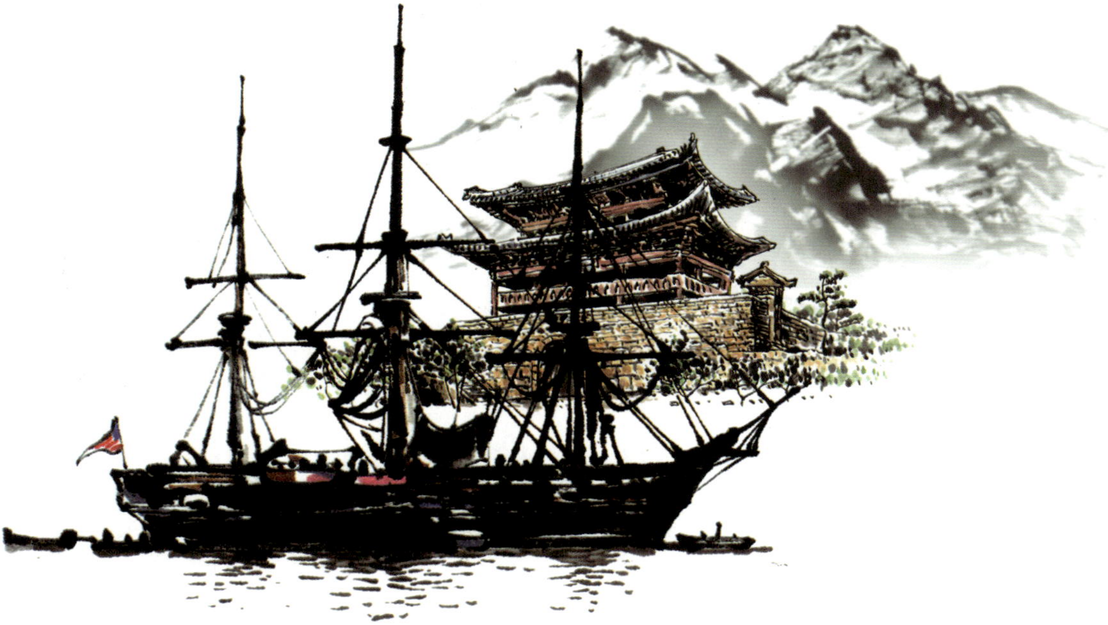

7월 초 조용히 함대를 철수시켰다.

이때 조선 정부는 당시의 사태에 대해 정확하게 상황을 분석하고 대책을 논의했어야 했다. 그러나 권력자 대원군과 조정은 프랑스에 이어 미국까지 물리쳤다고 의기양양했다. 그러다보니 조선의 통상수교거부정책은 더욱 공고해질 수밖에 없었던 것이다.

조선의 통상수교거부정책이 더욱 강화된 데는 또 다른 이유도 있었다. 바로 1868년에 일어난 오페르트 도굴 사건이다. 오페르트 도굴 사건은 독일 상인 에른스트 오페르트가 충청남도 예산군 덕산면에 있는 흥선대원군의 아버지 남연군의 묘를 도굴하려다 실패한 사건을 말한다.

광성보
강화해협을 지키는 중요한 요새 중 하나로, 신미양요 때 미군과 가장 치열한 전투를 벌였던 곳.

남연군 묘 흥선대원군의 아버지인 남연군의 묘.
원래는 사찰이 있었지만 2대에 걸쳐 천자가 나온다는 소리에 대원군이 빼앗듯이 하여 아버지의 묘를 옮겼다.

척화비
신미양요에서 미군이 물러나자 대원군은 전국에 척화비를 세워, 더욱 서양 세력을 배척했다.

오페르트는 도굴 사건을 일으키기 전 이미 두 번이나 조선에 나타나 통상을 요구했다. 그러나 조선은 단호히 거절했다. 상황이 이렇게 되자 오페르트는 1868년 4월, 다시 세 번째로 조선을 찾았다. 그리고 야밤을 이용, 남연군 묘를 파헤쳤다. 그러나 성공하지 못하고 이튿날 조선인들에 의해 들통이 나자 도망쳐버렸다.

대원군은 오페르트의 행동에 치를 떨며 분노했다. 이 사건은 단순히 대원군의 아버지 묘를 도굴하려다 실패한 사건이 아니었다. 조선, 성리학의 사회체제에서 조상의 묘에 대한 관리와 공경은 효의 다른 이름과도 같은 것이었다. 일반 백성도 아닌 왕족인 흥선대원군의 아버지 묘가 파헤쳐졌다는 사실은 사람으로서는 할 수 없는 짓이라는 게 당시 조선 사람들의 생각이었다. 오페르트 도굴 사건은 사회에 엄청난 파장을 몰고 왔다. 대원군의 통상수교거부정책은 이 사건으로 인해 더욱 강화되었다.

집권 이후부터 끊임없이 밀려오는 서양 세력들. 대원군도 한때는 러시아의 남하를 저지하는 데 그들의 도움을 받으려 했지만 일은 틀어지고 말았다. 이후로도 프랑스와 미국이 끊임없이 조선의 바다에 나타나 괴롭히고 문을 열라고 소리를 쳤지만, 대원군은 귀를 막았다.

그들의 요구에 대해 대원군은 척화비를 세우는 것으로 대답을 대신했다. 병인양요와 신미양요까지 겪고 난 후 서양세력에 대한 대원군의 생각은 돌덩이처럼 더욱 굳어졌다. 어떤 일이 있어도 다른 나라에 조선의 문을 열지 않겠다는 생각이었다. 이것이 바로 쇄국정책이다.

한 가지 기억해야 할 것은 조선시대 어느 문헌에도 '쇄국정책'이라는 단어가 나오지 않는다는 점이다. 정확한 용어는 '통상수교거부정책'이다.

부국강병[富國强兵] 정책
나라를 부유하게 하고 군대를 강하게 하여 국가의 독립과 자주성을 지키자는 정책. 특히, 19세기 조선, 청, 일 동아시아 3국이 서세동점의 상황을 타개하기 위해 내세웠던 서구 문명에 대한 수용 논리이기도 하다.

'洋夷侵犯(양이침범) 非戰則和(비전즉화) 主和賣國(주화매국)! 서양 오랑캐가 우리 땅을 침입하는데 싸우지 않으면 화친이 있을 뿐이오, 화친을 주장하는 것은 곧 나라를 팔아먹는 것이다!'

이것이 전국 곳곳에 세워진 척화비의 내용이었다. 척화비를 세우고 국방에 대한 경계를 더욱 강화한 대원군은 본격적으로 부국강병을 위한 정책을 실천하기 시작했다. 국방에 대한 정책 역시 그가 집권을 하면서부터 시작되었다.

서구열강과 마주한 동아시아 3국의 대응

조선

대원군이 정권을 잡고 나라의 문을 걸어 잠그고 있던 시절, 조선에서도 서양 제국주의의 힘을 느낄 수 있는 사건이 발생했다. 병인양요와 신미양요가 그것이다. 이 두 사건이 조선에게 준 교훈은 통상개화와 함께 나라의 힘을 키워야 한다는 것이었다. 그러나 당시 집권자였던 대원군은 반대로 나라의 문을 걸어 잠그고 말았다. 동아시아에서 유일하게 개항을 하지 않았던 조선에 마수를 뻗친 나라가 일본이다. 일본은 조선 진출을 위해 계획적으로 운요호 사건을 일으켰고, 그것을 빌미로 고종의 조선과 통상조약을 맺어 문을 열게 했다.

그 이전 대원군 집권기에도 조선은 일본과 서양 제국주의의 힘을 알고 있었다. 대원군은 부국강병을 이룬 다음 개항을 하는 것이 순서라고 생각했지만, 그것을 실천하기에 조선은 여러 면에서 힘이 부족했다. 결국 고종이 친정을 하면서 외세의 힘에 의해 개항을 할 수밖에 없었던 것이다. 조선은 근대화도 제대로 이룩하지 못한 상황에서 우후죽순 격으로 서양 제국주의의 파도에 노출되었다. 미국을 중심으로 영국, 러시아, 독일, 프랑스 등이 그들이었다.

국방력도, 경제력도, 외교력도 부족했던 조선은 서양 제국주의의 힘을 빌어 서로 견제하고 힘의 균형을 맞춰나가는 '이이제이(以夷

덕진진 경고비
강화해협을 지키던 조선시대의 요새 덕진진 앞 바닷가에 세워진 경고비. 비석 정면에 '해문방수 타국선신물과', 즉 '바다의 관문을 지키고 있으므로, 외국 선박은 통과할 수 없다'고 적혀 있다. 결연한 쇄국 의지를 담고 있는 것이다.

制夷-오랑캐로서 오랑캐를 다스린다는 뜻)' 전략을 구사하려 했다. 그러나 이를 뒷받침 허줄 힘과 경험이 부족했다. 산림에 대한 벌목권이나 광산채굴권, 어업권 등 주요 자원의 이권까지 내주면서 균형 속에서 발전을 도모했지만 이루지 못했다. 이상은 좋았지만 현실적으로 성공을 거두기에는 힘이 약했다-. 조선의 독립과 부국강병을 꿈꾸며 젊은 개화파들이 일본과 미국의 힘을 이용해 갑신정변까지 일으켰지만, 성공하지 못함으로써 조선은 더욱 서양 제국주의의 이권 각축장으로 변하고 말았다.

일본

서양의 제국주의가 동아시아로 진출을 시도한 것은 아프리카나 아시아의 다른 지역에 비해 조금 늦은 19세기 중반 정도였다. 산업혁명으로 초기 자본주의가 발달하면서 대량 생산과 소비를 위한 원료와 시장의 확보, 그리고 남는 돈을 다시 투자할 지역이나 새로운 산업 분야가 필요했다. 이런 필요성은 산업혁명의 태동지인 영국을 중심으로 프랑스와 독일 등이 앞다투어 아시아와 아프리카 지역으로 식민지 개척에 나서게 만들었다. 이들은 먼저 동남아시아와 서아시아에 진출, 대부분의 지역을 식민지로 만들고 얼마 지나지 않아 동아시아로 진출을 시도했다.

이미 포르투갈, 네덜란드 등과 소규모의 무역으로 서구 세력의 발달된 신문물에 익숙해져 있던 일본이었지만, 미국의 함포외교에 굴욕적으로 무릎을 꿇고 서양 제국들에게 가장 먼저 문호를 개방하게 되었다. 그 이전까지 일본은 형식적인 존재로서의 천황과 실질적인 지배 권력으로서의 무인세력인 막부에 의해 봉건적 형태로 국가를 운영해 오고 있었다. 그러나 막부정권은 국제정세에 무지했으며, 무능했다. 게다가 미국의 함포 외교에 굴욕적으로 문을 열어주게 되어 반대 세력들로부터 비아냥까지 들어야 했다 더구나 얼마 후에는 영국 상인을 죽이는 사건이 일어나면서 영국이 일본을 공격하기에 이르렀다. 일본의 막부정권이 이렇게 흔들리고 있을 무렵, 이토 히로부미를 비롯한 몇몇 하급 무사들은 근대화가 대세임을 느끼고 영국으로 유학을 떠났다. 유학파 젊은이들은 영국과 전쟁이 일어났다는 소식을 듣고 귀국해 사태를 수습했다. 이 사건으로 하급 무사들은 정권의 중심에 서게 되었다. 이미 서양의 발달된 기술과 문명을 보고 느낀 젊은이들은 막부정권의 무지와 무능을 몰아내고 천황을 국가 권력의 중심으로 하는 메이지유신을 단행했다. 그리고 서양 여러 나라들과 본격적인 통상을 시작했다.

서양제국들과의 통상으로 일본은 힘들이지 않고 근대화를 이룰 수 있었다. 선진 사상을 가졌던 젊은이들이 영국과 프랑스, 독일 같은 제국주의의 길을 갈 수 있는 토대를 마련했기 때문이다. 불과 수십 년 전만 해도 조선에 한참이나 뒤져 있던 일본이 짧은 기간에 동아시아의 강대국으로 성장할 수 있었던 비결이 바로 여기에 있었다. 과거에 얽매이지 않고 서양 제국주의 침략성과 일본 막부정권과 유사한 입헌주의의 장점을 받아들여 일본화한 메이지유신. 일본 제국주의는 이렇게 시작된 것이다. 제국주의를 표방하고 난 이후, 일본은 대만과 류큐 왕국을 점령함으로써 동아시아에서 제국주의를 시험, 실천했다. 그리고 뒤이어 조선을 집어삼키려는 야욕을 불태우기 시작했던 것이다.

청

조선이나 일본과는 비교도 되지 않을 만큼 땅이 넓었던 청나라. 그러나 역사 이래로 중국 대륙은 비단길 등을 통해 서양과 다양한 방법으로 교류하고 있었다. 이전부터 청은 영국과 무역을 하고 있었다. 영국은 중국의 비단과 도자기, 차를 대량으로 수입했다. 특히 차는 영국에서 가장 인기 있는 품목이었다. 산업혁명으로 막대한 부를 챙긴 영국은 은으로 물품 값을 지불했다. 영국의 공산품들이 중국에서 인기가 있었으면 문제가 없었겠지만 그렇지는 않았다. 결국 영국은 청과의 무역에서 크게 적자를 낼 수밖에 없었고, 인도에서 재배한 아편으로 물품 값을 지불하는 편법을 동원했다. 은[銀]본위제도를 경제운영의 기본으로 채택하고 있던 중국 정부는 영국에서 은이 들어오지 않자 전국적으로 경제적인 혼란에 직면했다. 이론적으로 당시 중국의 경제는 국가가 보유하고 있는 은의 보유량과 국가가 발행한 화폐의 양이 연동되어 있는 은본위제를 채택해 운영되고 있었기 때문이었다. 즉 100원짜리 화폐를 만들기 위해 100원에 상응하는 은을 보유하고 있어야 했다.

은이 부족한데다 수출 대금으로 받은 아편이 백성들에게 심각한 영향을 주게 되면서 청은 아편무역을 금지시켰고, 무역 역조에 당황한 영국은 제국주의 국가의 본성대로 전쟁을 일으켰다. 이것이 바로 아편전쟁이다. 막강한 군사력을 가진 영국이 승리하자 중국은 급격히 힘을 잃었고, '아시아의 용'에서 '종이호랑이'로 전락했다. 이후 중국은 한 번 더 영국, 프랑스와 전쟁을 벌였다. 이 전쟁에서도 패하면서 중국은 외국에게 개항을 하고 문호를 열었다.

도덕적인 사상을 바탕으로 왕조국가를 이루었던 청은 서양 제국주의자들의 강력한 군사력 앞에 제대로 대응하지 못했다. 한때 '세계의 중심'이라는 자부심을 가지고 있었지만, 전쟁에서 참패하면서 아시아 여러 나라들과 맺은 조공 무역을 통한 중국 중심의 독특한 국제질서까지 해체되고 만 것이다. 그 시기 중국에서는 서양의 문물을 받아들이자는 양무운동 등이 일어났지만 성공을 거두지는 못했다.

4. 제국주의의 오만함에 반기를 들다

서양 열강들이 끊임없이 조선의 바다에 배를 띄웠다.
그러나 대원군에게는 통상보다 먼저 철저한 개혁을 통해
세도정치에 빼앗긴 조선의 왕권을 되찾고
왕실의 권위를 드높여 정치를 안정시키는 것이 먼저였는지도 모를 일이다.

산업혁명의 선두주자였던 영국이 선두에 나섰으며,
프랑스와 이탈리아, 독일 등이 그 뒤를 이었다.
이들은 미지의 땅이었던 아프리카, 남태평양, 아시아에서
앞서거니 뒤서거니 하며 식민지를 건설했다.

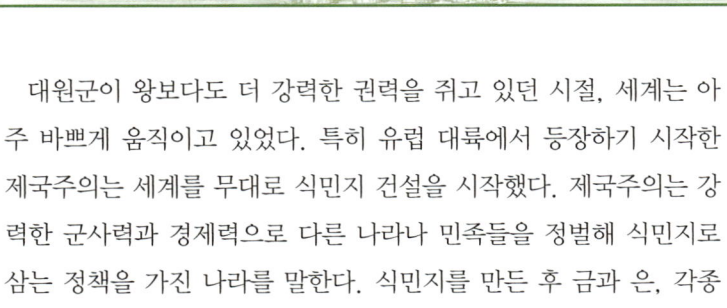

대원군이 왕보다도 더 강력한 권력을 쥐고 있던 시절, 세계는 아주 바쁘게 움직이고 있었다. 특히 유럽 대륙에서 등장하기 시작한 제국주의는 세계를 무대로 식민지 건설을 시작했다. 제국주의는 강력한 군사력과 경제력으로 다른 나라나 민족들을 정벌해 식민지로 삼는 정책을 가진 나라를 말한다. 식민지를 만든 후 금과 은, 각종 자원이나 노동력 등을 강제로 빼앗는 것이 제국주의의 전형적인 모습이다. 흔히 일본을 두고 일제라는 말을 많이 쓰는데, 이는 곧 '일본 제국주의'의 줄임말이다.

제국주의[帝國主義]는 유럽에서 먼저 등장했다. 산업혁명으로 공장제 생산이 일반화되면서 주체할 수 없을 만큼 차고 넘치는 다양한 상품들이 쏟아졌다. 자국 내에서 팔고 남은 상품들을 그냥 두면 어떤 물건이든 상하게 되고 쓸 수 없게 된다. 상품이라는 것은 유통기한이 있다. 그 기간 안에 팔아야 이윤을 남기고, 기업도 노동자도 나라도 먹고 살 수 있는 것이다. 그렇지 않으면 상품을 만든 회사는 망할 수밖에 없다. 당시 유럽 여러 나라의 경제 구조가 그런 식으로

산업혁명 [産業革命]

농업과 수공업 위주의 경제체제에서 기계를 사용하는 공장제 제조업 위주의 경제체제로 급격히 변화한 시기를 말한다. 18세기 영국에서 시작된 산업혁명은 세계 여러 지역으로 확산되었다. 산업혁명을 통해 사회, 정치, 경제, 문화 등 모든 분야에서 근대적 가치로의 변화가 이루어졌다.

와트의 증기기관 (Nicolás Pérez)
증기기관의 발명은 산업혁명을 촉진하여 서구 열강의 제국주의 정책에 밑거름이 되었다.

이루어져 있었다.

　18세기 후반 영국에서 시작된 산업혁명은 일시에 유럽의 모든 것을 바꾸어 놓았다. 단순히 기계가 물건을 만들어 찍어내는 정도로 바뀐 게 아니다. 모든 사회와 경제, 정치 시스템까지 바꾸어 놓았다.

　이전까지 사람들은 봉건 사회의 구성원으로 영주들의 봉토에서 농사를 짓거나 상업에 종사하는 것이 대부분이었다. 물론 상품을 생산하는 공장도 있었지만, 가족끼리 생산하고 판매하는 가내수공업이 대부분이었다. 그러나 기계가 발명되고, 운송수단인 증기기관과 증기선까지 발명되면서 이전과는 차원이 다른 규모의 대형 공장들이 들어서기 시작했다.

　처음에는 옷감을 만드는 공장이 많았지만, 이후 쇠를 만들고 제

자본주의[資本主義]
'자유시장경제'라고도 말한다. 시장의 수요와 공급의 법칙에 의해 작동되는 경제체제로 봉건제도 붕괴 이후 서구의 지배적인 경제 체제다.

제국주의의 오만함에 반기를 들다　149

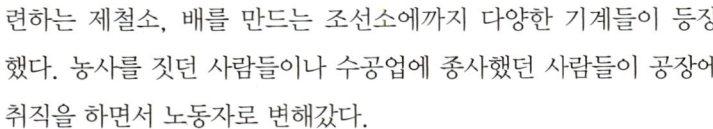

식민지

지리적으로 멀리 떨어져 있는 나라 혹은 도시의 지배를 받는 영토를 말한다. 산업혁명 이후 영국과 프랑스를 선두로 유럽의 강대국들은 식민지 쟁탈전을 벌였다. 이 시기의 식민지 확보 정책을 흔히 '제국주의'라 하기도 한다.

련하는 제철소, 배를 만드는 조선소에까지 다양한 기계들이 등장했다. 농사를 짓던 사람들이나 수공업에 종사했던 사람들이 공장에 취직을 하면서 노동자로 변해갔다.

공장은 자본을 가진 대기업으로 발전해갔고, 돈을 많이 버는 부자들이 생기면서 자본주의를 태동시켰다. 또한 공장 노동자들은 사회의 주요 구성원이 되어 점점 목소리가 커져갔다. 이는 필연적으로 기업주와 노동자 사이의 충돌을 가져올 수밖에 없었다.

상품을 팔아 돈을 벌어야 하는 기업주, 상품 생산을 위해 제공한 노동력의 대가로 높은 급료를 받고 싶은 노동자들. 어쩌면 이들의 충돌이 제국주의를 만들어내고 식민주의를 만들어냈는지도 모르는 일이다.

대단위화 된 공장에서 생산되는 대량의 상품을 자국 내에서만 판매하는 데는 한계가 있었다. 남는 상품을 내다 팔 시장이 필요했다. 또한 싼 가격의 상품 원료도 들여와야 했다. 결국 정부나 기업들은 식민지 개척에 나서면서 제국주의를 표방할 수밖에 없었다. 그렇게 해서라도 남는 상품들을 소비시켜야 하기 때문이었다.

산업혁명의 선두주자였던 영국이 선두에 나섰으며, 프랑스와 이탈리아, 독일 등이 그 뒤를 이었다. 이들은 미지의 땅이었던 아프리카, 남태평양, 아시아에서 앞서거니 뒤서거니 하며 식민지를 건설했다.

영국과 프랑스는 상품을 팔고 원료를 들여오기 위해 경쟁을 하듯 아프리카의 여러 나라들을 식민지로 삼았다. 뒤이어 독일과 이탈리아까지 진출하면서 아프리카는 라이베리아와 에티오피아 단 두 나라만을 남겨두고 모든 지역이 식민지로 전락하고 말았다. 유럽 제국주의에 의해 다양한 민족적, 문화적 경계가 무시되고 마치 자로 그은 듯 반듯하게 국경선이 분리되면서 누더기로 변한 것이다.

드넓은 아시아 대륙 역시 그들에게는 매력적인 곳이었다. 특히 인도와 중국은 다양한 향료를 가졌고, 땅도 넓었으며 자원도 많고 인구도 많았다. 영국은 프랑스가 점령했던 인도를 빼앗으면서 본격적으로 아시아 시장에 진출했다. 아시아의 여러 나라들이 유럽 제국주의 국가들에 의해 식민지로 전락한 것도 그즈음이다.

특히 영국은 전쟁까지 겪으며 인도의 상징적인 무역회사로 17세기 초부터 홍차 무역의 대표격이었던 여러 나라의 동인도회사[東印度會社]를 빼앗았다. 그리고 1858년 이들을 통합해 하나의 동인도회사를 세웠다. 이 일로 영국은 인도에서의 무역독점권 뿐만 아니라 나라 전체를 식민지로 만들었다. 영국과의 전쟁에서 패하고 인도에서 물러난 프랑스는 곧바로 인도차이나 반도 쪽으로 옮겨와 태국을 제외한 모든 지역에 식민지를 건설했다.

한편 인도 진출에 성공한 영국은 기수를 곧바로 중국 대륙으로 돌렸다. 진출 초기 영국은 동인도회사를 통해 청나라로부터 차와 비

동인도회사 로고

동인도회사
영국이 인도 및 극동 지역과의 무역을 위해 설립한 회사로 독점적 무역 기구로 발족해 이후 정치적 성격까지 띠게 되었고, 특히 인도에서 영국 제국주의의 앞잡이 역할을 했다.

삼각무역

3개국 이상의 나라가 얽혀 무역거래가 이루어지는 것을 '다자무역' 혹은 '다각무역'이라 하며, 다자무역의 가장 단순한 형태가 삼각무역이다. 다자무역은 수출입 거래가 한쪽에 치우치는 것을 막아 국제 수지 불균형을 해소하는 좋은 방식의 무역 형태다.

단, 도자기 등을 수입하고 그 값으로 은을 주었다. 무역은 오고 가는 것이 있어야 공정한 것이다. 그러나 청은 무역을 통제했다. 즉 영국으로 수출은 하되 수입을 최소화시키는 정책을 추진했다. 결국 막대한 양의 은이 중국으로 빠져나갈 수밖에 없었다. 영국은 엄청난 손해를 볼 수밖에 없는 구조가 되고 만 것이었다.

영국은 손해를 극복하기 위해 마약의 하나인 아편을 삼각무역으로 활용하기 시작했다. 즉 영국에서 생산된 옷감을 인도에 팔고, 인도에서 생산되는 아편을 청에 몰래 팔아 무역대금으로 은을 회수해 가는 형식의 밀무역을 시도했다.

아편은 사람을 황폐하게 만드는 것으로 시간이 지나자 청에서는 중독자가 늘어나기 시작했다. 아편이 들어오면서 이번에는 다량의 은이 청을 빠져나가기 시작했다. 물가가 치솟은 것은 물론 심각한 사회 문제를 일으켰다. 청은 인도에서 들여온 아편을 몰수하고, 교

아편을 폐기하는 청나라 관원의 모습. 아편으로 인해 영국과 청나라 간의 아편 전쟁이 발발했다.

역을 금지시켰다. 그러자 영국은 군함을 동원, 전쟁을 일으켰다. 이것이 바로 1840년에 일어난 제1차 아편전쟁이었다.

전쟁에서 패한 청은 영국의 요구대로 상하이와 광저우 등 5개 항을 개항하고 배상금을 지불했으며, 99년간 홍콩을 영국에 넘겨주는 난징조약을 체결해야 했다. 그러나 청나라 진출에 성공한 영국은 더 이상 함부로 진출하는 것을 경계하며 속도를 조절했다. 중국에 독점적으로 진출하는 것을 반대하는 열강들의 눈초리 때문이었다.

영국은 이를 무마하기 위해 서양 열강들이 중국에 진출할 수 있도록 다리를 놓아주었다. 프랑스와 네덜란드, 독일이 수월하게 중국 진출을 할 수 있었던 이유다.

이후 1850년대 후반 영국이 다시 아편전쟁을 벌이고, 베이징 점령을 위해 프랑스를 끌어들인 것이 좋은 예라고 할 수 있다. 청은 영국과 프랑스의 진출로 국가적인 위기에 내몰렸다. 그러나 너른 시장을 확보한 열강들은 더 이상 중국과의 직접적인 전쟁을 원치 않았고, 힘이 약해질 대로 약해진 중국과 체결한 각종 불평등조약으로 이미 확보한 경제적 이권을 통한 자국의 이익 극대화로 전략을 바꾸었다. 그즈음 청나라 내에서 태평천국운동이나 양무운동 등이 일어나 민족주의를 고양시키고, 불평등한 조약에 대한 비판과 이의 시정을 요구하면서 서양 제국주의자들의 행보를 조심스럽게 했다.

프랑스의 아시아 진출은 사실 영국보다 앞서 이루어졌다. 그러나 인도에서 영국에게 지배권을 잃은 후 동남아시아로 발길을 돌렸다. 베트남을 비롯해 캄보디아, 라오스 등을 식민지로 만든 것이 이때다. 이전 프랑스 역시 중국 진출에 관심을 가졌지만, 나폴레옹의 몰락이후 세계 이곳저곳의 식민지 쟁탈전에서 영국의 힘에 밀려 있었다. 하지만 2차 아편전쟁 후 베이징을 점령하는 과정에서 영국의 파트너로 전쟁에 참가, 동아시아로 진출할 수 있는 길을 열

민족주의[民族主義]
민족의 구성원이 민족국가를 형성하기 위해 노력하는 투쟁과정에서의 의식과 운동이라는 의미다. 그러나 민족주의는 쉽게 배타적, 국수적인 경향을 띠게 되는 속성이 있으며, 이의 극단적인 형태가 나치즘, 파시즘 등의 민족주의적인 제국주의다.

제국주의의 오만함에 반기를 들다 153

수 있었다.

　독일과 이탈리아도 후발 주자로 동아시아로 진출했다. 독일은 유럽에서도 '해가 지지 않는 나라'로 상징되었던 영국의 눈치를 보아야 하는 상황에 있었기 때문에 아시아로의 진출은 쉽지 않은 상황이었다.

　이들과 함께 북반구에서 힘을 키우는 나라가 있었으니, 바로 러시아였다. 아직 왕조시대에 머물고 있었지만 러시아는 영국과 청나라의 중재로 연해주를 얻으면서 그곳을 교두보 삼아 남하정책을 실시했다. 워낙 추운 지역에 있던 러시아는 함대를 정박시킬 수 있는 얼지 않는 항구가 절실했다. 청으로부터 연해주를 얻은 뒤 러시아는 계속 한반도 주위를 기웃거렸다. 그러나 그때까지만 해도 표면적으로 드러나지는 않고 있었다.

　아시아 진출에 빠른 속도를 낸 나라는 미국이었다. 영국과 아일랜드 등의 이민자들로 이루어진 미국은 유럽 여러 나라들에 비해 아시아 진출이 한참 뒤처져 있었다. 당시 일본은 사무라이 막부가 나라를 지배하고 있었다. 또한 포르투갈, 네덜란드와 활발하게 무역을 하고 있었다. 그러나 나라의 문은 열지 않고 특정한 지역을 지정해 무역을 할 수 있도록 하는 정도였다. 그즈음 미국은 강력한 군대와 함포를 내세워 강압적으로 개항을 요구했다. 1853년, 결국 일본은 미국에 의해 나라의 문을 열 수밖에 없었다.

　이러한 유럽 제국주의자들의 식민지 전략은 아시아 서쪽으로부터 동쪽 끝까지 열강들의 손아귀에 들어가는 결과를 가져왔다. 식민지로 전락하지 않은 나라는 동남아시아의 태국과 동아시아 3개국인 조선과 일본, 중국 정도였다.

　일본은 국제정세를 읽고 재빨리 변화를 수용했다. 당시 일본은 비록 미국과 굴욕적인 통상수교를 했지만, 이것을 오히려 전화위복의 기회로 활용했다. 즉 통상을 기점으르 일본의 젊은이들은 신세계에 대해 관심을 쏟기 시작했다. 그리고 많은 젊은이들이 서양을 배우기 위해 유학을 떠났고, 일부는 견문을 넓히러 세상 밖으로 나갔다. 놀라운 것은 대부분의 그런 젊은이들이 하급무사 출신이라는 점이었다. 대표적인 젊은이가 바로 훗날 조선 총독이 되는 이토 히토부미다.

일본의 젊은이들은 유럽, 미국에서 발달한 서양의 모습을 눈으로 직접 보았다. 그 속에서 세계가 어떤 모습인지, 강한 나라가 되려면 어떻게 해야 하는지를 배웠다. 젊은이들이 서양에서 신문물을 배우고 경험하는 사이 일본 내부에서는 전쟁이 벌어졌다.

당시 일본은 에도막부의 지배 아래 있었다. 에도막부의 쇼군은 도쿠가와 요시노부였다. 그 역시 수백 년 동안 이어져온 막부 체제 때문에 조선의 위정자들처럼 세계 정세를 정확히 파악하지 못하고 있었다. 그래서 당연히 막부 체제를 유지하고자 애를 썼다. 일본의 모든 권력이 자신에게 쏠려 있었기 때문이었다. 권력이란 움켜쥐면 내려놓기 어려운 법이다.

그러나 그를 반대하는 세력들이 등장했으니 바로 서양을 배우기 위해, 견문을 넓히기 위해 유학을 떠났던 하급무사들이었다. 그들은 에도막부를 무너뜨리고, 천황에게 권력을 넘겨야 한다고 생각해 막부와 전면전을 벌였다. 이 싸움에서 막부를 반대하는 파가 승리를 거둠으로써 모든 권력은 상징적인 역할만 주어져 있던 천황에게로 넘어갔다.

1867년 드디어 일본은 하급무사들이 중심이 되어 근대적인 통일 국가를 이룩했다. 이는 곧 천황이 모든 권력의 중심에 선다는 것을 의미하는 것이었다. 이후 메이지 천황은 교육, 군사, 세금 제도 등 사회 전 분야에 걸친 개혁정책을 추진하면서 근대국가의 틀을 마련

막부 [幕府, 바쿠후]
형식상의 천황(덴노)을 대신해 1192~1868년에 걸쳐 실질적으로 일본을 통치한 세습적 군사독재인 쇼군 [將軍]의 정부.

메이지 천황
1852년 ~ 1912년.
도쿠가와 요시노부가 이끌던 막부를 붕괴시키고 일본의 근대화를 확립하고 부국강병을 달성한 군주로 일본의 황권을 강화시켜 일본제국으로 발전하는 발판을 마련하였다.

했다.

　여기에 메이지 천황은 부국강병이라는 목표를 세우고, 서구 열강을 모델 삼아 천황을 중심으로 편성된 정부 주도로 군사력 강화에 힘을 쏟았다. 이것이 바로 일본 근대화의 시작을 알린 메이지 유신이다.

　짧은 시간에 성공을 거둔 메이지 유신. 물론 성공의 밑바탕에는 이토 히로부미를 비롯해 서구에서 공부하고 돌아온 하급무사 출신의 젊은 인재들이 있었다. 이들을 중심으로 시작된 메이지 유신으로 일본은 사회 모든 분야에서 서양 열강들과 어깨를 나란히 할 수 있는 강력한 힘을 갖추기 시작했다.

　젊은이들은 서양에서 보고 배운 것을 하나씩 일본 사회로 옮겨 놓았다. 그 가운데 하나가 바로 제국주의였다. 일본은 조선과 통상수교를 하면서 아시아 여러 나라를 무력으로 점령했다. 일본 제국주의의 본색이 하나씩 실체를 드러내기 시작한 것이다.

　한편 청나라는 두 번에 걸친 아편전쟁으로 영국과 프랑스에 문을 열었지만, 여전히 완고한 왕조체제를 유지하고 있었다. 조선 역시 마찬가지였다. 청나라는 아편전쟁에서의 패배로 영국, 프랑스 등과 통상수교를 했지만 조선은 아직 누구에게도 문을 열지 않은 미지의 나라였다. 서양 열강들이 새로운 시장이자 먹잇감인 조선을 가만히 둘 리 없었다.

　18세기 말부터 조선의 앞바다에 나타나기 시작한 이양선은 이런 배경 아래에서 나온 결과였다. 열강들은 조선의 바다를 맴돌며 통상과 개항을 타진했다. 그러나 조선은 요지부동이었다. 뜻대로 되지 않자 제국주의자들은 1860년대에 본격적으로 조선을 목표로 삼고 힘을 앞세워 등장하기 시작했다. 특정한 나라가 아니라 열강이라 일컬어지는 나라들이 시차를 두고 끊임없이 조선의 바다에 배를 띄웠다.

 그러나 정권을 잡고 있던 대원군은 나라의 문을 열어주지 않았다. 60여 년에 이르는 세도정치로 온 나라가 어지러운 상황 아래서 서양 세력에 문까지 열어줄 여력이 없다고 판단했던 것은 아닐까? 대원군에게는 통상보다 먼저 철저한 개혁을 통해 세도정치에 빼앗긴 조선의 왕권을 되찾고 왕실의 권위를 드높여 정치를 안정시키는 것이 먼저였는지도 모를 일이다. 그는 나라의 기강을 바로잡고 백성들의 삶을 높여주는 것이 먼저라고 생각했을 것이다.

 계획대로 조선의 개혁이 성공을 거둔다면 스스로 나라를 지킬 수 있고, 외세가 침략해도 능히 물리칠 수 있는 국방력을 키울 수 있다면 그때 개항을 해도 늦지 않을 것이다 생각했을 것이다. 대원군은 이를 위해 조금이라도 더 빨리 개혁을 완성하고 싶었을 것이다. 그 역시 영원히 조선의 권력자로 남을 수 없다는 사실을 누구보다 잘 알고 있었을테니 말이다.

조선의 무역

🌀 조선과 명나라의 무역

조선 초기의 외교 정책은 사대교린 정책으로 명과는 친선 관계를 유지해 정권과 국가의 안전을 보장받는 사대정책[事大政策]을 폈으며, 중국 이외의 주변 민족인 일본이나 여진 등과는 우월한 군사력을 전제로 평화를 추구하는 교린정책[交隣政策]을 택했다.

태조 이성계가 왕위에 있을 때 정도전은 요동정벌을 추진했다. 그로 인해 한때 명과 사이가 불편해지기도 했지만, 3대 태종 이후 양국 간의 관계는 눈에 띄게 좋아졌다. 그 결과 명과의 교류까지 활발해졌다. 명과의 사대 관계는 전통적으로 조공과 책봉의 형식으로 이루어졌다. 이것은 형식상 천자와 제후의 관계를 맺는 것이라고 할 수 있다. 조선에서 새 왕이 등극을 하려면 명나라 황제의 승인을 받아야 했고, 명나라의 달력(책력)을 받아 썼다. 이것이 바로 '책봉'이라는 단어가 갖는 뜻이다.

조선은 해마다 정기적으로 명에 조공을 위한 사절을 파견했다. 사절단이 가는 길에 중국인들이 좋아하는 토산품을 주고, 답례품으로 우리가 원하는 물품을 받아 왔다. 사절단은 매년 정기적, 부정기적으로 교환했는데, 그때 문화적·정치적 교류가 활발하게 이루어졌다. 이것이 바로 조공무역이다. 조선 초기의 무역은 사대관계인 명나라와의 조공무역이 대부분을 차지했다. 그리고 교린 국가인 여진, 일본과도 무역을 해 필요한 물건을 주고받았다.

명으로 수출하는 조선의 상품들은 금, 은, 인삼, 종이, 붓, 범가죽, 저포, 마포, 자개류 등이었다. 이 가운데 종이와 붓은 명나라에서 특히 인기가 좋았다.

조선과 여진의 무역

조선과 여진의 관계는 중국과 달랐다. 조선은 여진에게서 영토를 확보하고 국경 지방을 안정시키기 위해 적극적인 외교 정책을 펼쳤다. 태조 때 두만강 지역을 개척한 데 이어 세종 때 4군과 6진을 설치하면서 조선의 국경을 확정할 정도로 강경한 외교와 군사 정책을 실시했다. 그러나 이후 조선은 여진을 회유하며 토벌하는 양면 정책을 구사해 압록강과 두만강 유역의 국경 지역인 경성, 경원에 따로 무역소를 두고 식량을 비롯해 농기구와 의류 등을 무역하도록 허락해 주었다. 여진인들을 도우며 평화적 외교 관계를 유지하고자 함이었다. 또한 여진족 추장에게는 조선에 조공을 허락하고 귀화하면 관직, 토지, 가옥 등을 주면서 정착을 돕기도 했다. 조선의 이런 회유 정책은 큰 효과를 거두었다. 이 시기 많은 여진인들이 우리나라로 귀화를 했는데, 교린 정책의 효과였다. 그럼에도 불구하고 호전적이었던 여진인들은 가끔 국경을 침범해 약탈을 하기도 했다. 조선 조정은 군대를 보내 이에 강력하게 대처했다. 강온전략을 사용함으로써 여진과의 관계에서는 특별히 문제가 발생하지 않았다. 여진과의 무역은 수출품목으로 의복과 식량, 농기구, 종이 등이 있었으며, 말, 모피 정도가 주요 수입품일 정도로 다양하지 못했다.

조선과 일본의 무역

조선은 개국 후 태종과 세종을 거치며 문화, 군사 등 모든 분야에서 강력한 국가로 성장했다. 대포 등 무기를 개량하고 국방을 강화하자, 고려 중기 이후 극심했던 왜구의 침략이 눈에 띄게 줄어들었다. 함부로 조선을 약탈할 수 없게 되자 왜구는 평화적 무역 관계를 요구해 왔다. 조선은 부산포(지금의 부산광역시)와 내이포(지금의 경남 진해)를 개항해 제한된 범위 내에서의 무역을 허용했다. 그러나 이후에도 왜구의 밀무역과 해적 행위가 끊이지 않고 계속되자, 세종 1년인 1419년 쓰시마 섬(대마도)을 정벌하기에 이르렀다. 조선의 강경책에 대마도주는 조선에 무역항을 열어줄 것을 간청, 결국 남해안의 부산포, 염포(지금의 울산광역시), 제포(지금의 경남 진해) 세 항구를 열어 왜관을 설치하게 하고, 그곳에서 무역을 할 수 있도록 허용했다. 또한 1443년 세종은 대마도주와 계해약조를 맺고 무역선을 1년에 50척으로 제한했다. 원래 25척으로 제한했지만, 대마도주의 간청으로 무역선의 수를 늘려준 것이었다. 이 당시 조선은 왜구에게 쌀, 면포, 저포, 불상, 도자기, 화문석, 범종, 마포, 나전, 서적 등을 수출했고, 동, 흑연, 유황, 약재, 향료, 염료 등을 수입해왔다.

조선은 일본 외에도 류큐왕국(지금의 일본 오키나와)과 시암(지금의 타이), 자바(인도네시아) 등과도 교류를 했으나 활발하지는 못했다. 이들 나라들은 조공이나 진상의 형식으로 기호품을 비롯한 각종 토산품을 조선으로 가져왔고, 옷, 옷감, 문방구 등을 답례품으로 가져갔다. 특히 류큐왕국과의 교역이 활발했는데, 대장경을 비롯한 불경과 유교 경전, 범종, 부채 등을 전해 주어 류큐의 문화 발전에 크게 기여했다. 당시 경복궁 대궐 앞은 일본 및 동남아시아에서 온 사신들로 늘 붐볐을 정도라고 기록은 전한다.

조선 후기의 대외무역

중국과 여진, 일본과의 무역 형태는 조선시대 초기부터 중기까지 특별한 변화가 없었다. 일본과의 무역 형태는 변했지만, 중국이나 여진(훗날 청나라)과의 무역 형태는 그대로 이어졌다. 조선 후기에 들어서면서 조선 국내의 상업 활동이 활발하게 이루어지기 시작했으며, 이와 때를 같이해 대외무역도 점차 활기를 띠어갔다.

17세기 중엽부터 국경지대를 중심으로 공적으로 허용된 무역시장인 개시[開市]와 이와는 별개로 사적 무역시장인 후시[後市]가 생길 정도로 조선과 청의 무역이 활발해지면서 그 규모가 커졌다.

개시는 조선시대 양국 합의 하에 국경에서 열리던 공식적인 무역시장을 말한다. 임진왜란 중이던 1593년 처음 시작됐으며, 전쟁 후 폐쇄되었다가 병자호란 이후 다시 설치되었다. 그리고 청나라 때 본격적으로 개시가 이루어졌다. 무역시장이 개방되기 시작한

초기의 개시는 매년 3월 15일과 9월 15일을 개시일로 정해 거래품목 및 거래량 등을 엄격히 통제했으며, 상인들끼리 사적으로 이루어지는 사무역은 엄격하게 금지했다. 그러나 상인들의 활동이 활발해지고 상업이 발달하면서 몰래 교역하는 밀무역이 성행하기 시작했다. 이에 조선과 청 정부는 밀무역을 활성화시키면서 사무역을 인정하고 후시를 열어주었다. 쉽게 말해 개시는 양국의 국경에서 관원들의 감시 하에 이루어졌던 무역시장(공무역)을 말하는 것이고, 후시는 상인들에 의해 나라의 간섭 없이 행하지던 무역시장(사무역)을 말하는 것이다.

사무역인 후시가 활성화되면서 초기 소규모 상인들의 거래로부터 점차 큰 상단들의 거래로 발전하게 되어 개시와 마찬가지로 국경에서 교역이 이루어졌다. 대표적인 상단이 바로 의주의 만상과 개성의 송상들이다. 의주는 조선과 청이 국경을 맞대고 있던 지역으로 사신들이 왕래하는 관문이었다. 정치와 외교, 그리고 압록강의 수로를 통한 물류의 중심이었기 때문에 청과의 무역에서 중심지로 발전할 수 있었다. 17세기 이후 후시가 활발해지면서 의주의 만상과 개성상인들이 무역을 주도해 나갔다. 만상은 후시에서의 무역은 물론 중국 시장까지 진출, 물품을 수입하는 역할도 했다. 이들이 수입해온 상품들은 개성상인들을 통해 전국으로 퍼져나갔다.

만상, 송상과 함께 조선의 상업을 발달시키는 데 큰 역할을 한 상단이 한양의 경강상인과 동래의 내상이다. 경강상인은 주로 지방에서 한양으로 올라오는 세곡을 운반하던 상인들이었으나, 뒤에는 큰 상단으로 성장했다. 19세기에는 곡물의 매점매석을 통해 대규모 도매상으로 성장하기도 했다. 또한 부산을 중심으로 활동하던 동래의 내상은 국내에 설치된 왜관과의 무역은 물론 일본과의 대일무역을 주도했던 상단이다. 내상의 활발한 활동으로 당시 왜관을 중심으로 여러 개의 큰 시장이 열릴 정도였다.

5. 경복궁의 중건, 왕권도 세워졌을까?

이제 새로 완공된 경복궁에서 조선 초기의 선대왕들처럼
왕권을 강화하면 될 것이었다.
아니 경복궁이 다시 선 것만 해도 충분히 왕권 강화는 이루어졌다.

"드디어 조선의 정궁이 모습을 드러냈구려.
웅장하고 아름답도다.
그래, 언제쯤 경복궁으로 옮겨올 수 있겠소?"

대원군은 이미 정권을 잡기 이전 청나라와 일본이 개항했다는 소식을 들어 알고 있었다. 또한 스스로 나라를 지킬 수 있는 힘이 없었기에 서양 제국주의 열강들의 함포의 위협과 전쟁을 거쳐 강제로 굴욕적인 개항의 길을 걸었음도 잘 알고 있었다. 시시각각 조선으로 진출하는 서양 열강들의 압력도 느꼈을 것이다.

천주교도들을 통해 프랑스나 영국의 지도자들과 접촉을 하려 한 것은 대원군 역시 개화의 필요성을 느끼고 있었다는 뜻이다. 그러나 뜻을 이루기에는 조선의 상황이 결코 쉽지 않았다. 결국 대원군은 정권부터 유지해야 개혁을 지속할 수 있다는 판단 하에 병인박해 사건을 일으킨 것이다.

조선의 군사력은 강하지 않았다. 그러나 프랑스와 미국, 두 번의 침략을 겪으면서 조선의 군사력이 조금은 남아 있음을 느꼈다. 통쾌한 승리를 거두지는 못했지만, 프랑스군과 미국 군인들이 조선을 떠났기 때문이었다. 어쩌면 당분간 더 통상을 거부해도 버틸 수 있다고 생각했는지도 모를 일이다.

성균관　오늘날의 대학교와 같은 조선시대 최고의 교육기관.

 게다가 아버지의 묘소를 도굴하려 한 독일인 오페르트의 사건으로 인해 더이상 그 어떤 명분으로도 서양 세력의 조선 진출을 용인할 수 없었다. 성리학[性理學]의 지배 질서는 삼강오륜[三綱五倫]의 질서 속에서 충과 효, 예절을 지키며 사는 것이다. 대원군도, 대신들도, 백성들도 모두 이런 성리학적 사회질서 속에서 살고 있었다. 그런 나라에서 부모님의 묘를 파헤친다는 것은 말 그대로 천인공노[天人共怒]할 일이었다.

 그렇지 않아도 조선 건국 때부터 면면히 이어오던 쇄국정책이었다. 대원군은 조금이나마 서양 세력과의 접촉을 생각했던 것까지 두 접고, 꼭꼭 문을 걸어 잠글 수밖에 없었던 것이다. 그런 상황 속에서도 경복궁 중건은 착착 진행되었다. 왕의 권위를 높이고, 조선의 국체를 바로 세우기 위해 시작된 경복궁 중건 사업. 대원군은 경복궁에 많은 시간과 노력을 아끼지 않았다. 나라의 상징을 도살려 부국강병으로 연결시키겠다는 생각이었다.

 1867년 겨울, 경복궁 건설이 어느 정도 윤곽을 드러내자 대원군은 고종에게 중건 현장을 둘러보게 했다. 고종은 왕실의 최고 어른

삼강오륜

'삼강오륜'은 한 마디로 인간이 지켜야 할 근본도리를 말하는 것이다. 조선은 건국하면서 유교 이념을 국가 지배체제로 받아들였다. 그리고 건국 초기부터 백성들에게 삼강오륜을 알리기 위해 많은 노력을 기울였다. 세종 때 글과 그림(삼강행실도)으로 백성들에게 삼강오륜을 알린 것이 좋은 예라고 할 수 있다.

인 대왕대비 신정왕후와 왕대비이자 헌종의 계비인 명헌왕후, 철종의 비였던 철인왕후, 왕비 민씨와 함께 경복궁으로 행차했다.

17살에 불과했던 청년 고종은 모습을 드러낸 웅장한 근정전[勤政殿] 앞에서 장차 자신이 일할 경복궁을 둘러보았다. 조선을 건국한 태조 때 경복궁의 모습이 어떠했는지 그는 자세히 알지 못했다. 완공되어가는 경복궁을 보면서 고종은 어떤 생각을 했을까?

"드디어 조선의 정궁이 모습을 드러냈구려. 웅장하고 아름답도다. 그래, 언제쯤 경복궁으로 옮겨올 수 있겠소?"

"몇 개월 후면 될 것이옵니다. 아직 나랏일을 보시기에는 부족하옵니다."

경복궁이 중건된다는 소식을 고종이 모를 리 없었다. 하지만 중건 모습을 직접 확인하는 것은 처음이었다. 대원군이 고종에게 중건 중인 경복궁을 확인하게 한 이유는 무엇일까? 아버지인 자신이 왕권을 드높이기 위해 이렇게 고생하고 있다는 것을 보여주고 싶었을 것이다.

8개월여 후인 1868년 7월 2일, 고종은 경복궁으로 거처를 옮겼다. 공사에 착공한 지 5년여 만에 드디어 경복궁이 완공된 것이다.

중건 당시 경복궁의 면적은 약 44만 평방미터에 330여 동의 건물이 들어서 있었다. 궐내 전각은 7,225칸이었으며, 후원의 전각은 232칸, 궁성이 1,063칸이었다. 다섯 걸음마다 루(휴식을 위해 지은 2층 건물)가 한 개 정도 있었고, 열 걸음마다 각(루보다 상위 건물로 전이나 당의 부속 건물)이 하나씩 있을 정도로 건물도 빽빽이 들어찼다.

경복궁 중건 사업이 완료되자마자 대원군은 궁성 앞에 육조거리는 물론 관아와 숭례문을 비롯한 사대문의 보수 공사까지 밀어붙였다. 의정부와 삼군부 건물도 이때 번듯하게 들어섰으며, 성균관과

종묘, 도성 등의 수리도 대대적으로 이루어졌다. 홍인지문[興仁之門]을 재건한 것도 이즈음이다.

그토록 꿈꾸던 경복궁 중건. 대원군은 완공된 경복궁과 부속 건물, 관아 건물을 지긋이 둘러보았을 것이다. 조선 바로 세우기를 위해 무엇보다 우선해 추진했던 사업이 바로 경복궁 중건이었다. 조선의 상징인 경복궁이 세워져야 조선도 올곧게 다시 설 수 있다고 판단했던 것이다. 웅장하게 선 경복궁은 그 결과물이었다.

이제 새로 완공된 경복궁에서 조선 초기의 선대왕들처럼 왕권을 강화하면 될 것이었다. 아니 경복궁이 다시 선 것만 해도 충분히 왕권 강화는 이루어졌다고 생각했을지도 모른다. 이제 조선 제1의 법궁에서 지방 작은 고을까지 왕의 명령이 전달되는, 강력한 왕에 의한 중앙집권의 정치를 펼치면 될 것이었다. 그렇게 되면 자신이 그리고자 했던 조선의 밑그림이, 미래의 모습이 완성되는 것이다.

근정전   경복궁의 가장 핵심 건물로, '부지런하게 정치하라.'는 뜻을 가지고 있다.
근정전은 왕의 즉위식, 과거시험 등 수 많은 행사가 열렸던 건물로 경복궁의 중심이었다.

종묘 정전 조선왕조의 역대 왕과 왕비의 신주 49위를 모신 유교 사당.

종묘 영녕전 정전에 신주를 모시는 신실이 부족하여 새로지은 사당. 정전의 서북쪽에 자리잡고 있다.

그렇다면 경복궁이 새로 지어진 후 조선은 올바로 세워졌고 왕권 강화는 이루어졌을까?

안타깝게도 왕권 강화도, 왕실 바로 세우기도 제대로 이루어지지 못했다. 대원군이 처한 상황과 국내의 상황, 그리고 국제정세가 벽처럼 조선을 가로막고 있었기 때문이었다.

대원군은 왕이 아니었다. 역사에서의 가정은 아무 의미도 없지만, 만약 그가 왕이었다면 그의 계획은 실현이 될 수 있었는지도 모를 일이다. 왕권 강화는 왕이 앞장서서 추진해야 가능했던 일이기 때문이다. 왕권을 강화하는 데도 한계가 있었다. 경복궁을 중건하고 개혁 정책을 펼친 것은 분명히 어느 정도의 효과를 본 것이 사실이다. 그렇게 강화된 왕의 권력은 대원군이 쓸 수 있는 것이 아니었다. 사용할 당사자는 대원군 자신이 아니라 그의 아들이자 조선의 제26대 왕인 고종이기 때문이었다. 대원군이 쌓아놓은 권력을 사용하기에는 그를 따르지 않는 대신들과 지배층, 그리고 유생들이 많았다. 경복궁 중건 사업을 하면서 잃은 신뢰가 발목을 잡은 것은 아닐까?

조선의 왕권을 강화하기에는 국제적인 정세도 좋지 않았다. 주변

국인 청나라와 일본이 통상을 통해 점차 근대 국가로 성장하는 모습을 그도 눈으로 보고 있었다. 그러나 왕권도 허약하고 나라를 스스로 지킬 힘조차 없었던 조선이 덥석 서양 제국주의자들의 손을 잡는다면 조선은 더욱 더 나락에 빠질 수 있다는 생각도 했을 것이다.

그래서 제국주의자들과의 통상보다 더 급하게 추진했던 일이 세도정치의 타파이고, 그를 통한 왕권의 강화였던 것이다. 그런 틀 안에서 국방력을 강화해 자신의 손으로 당당히 조선의 문을 활짝 열어젖히고 싶었던 것은 아니었을까?

흔히 대원군을 '개혁가'라고도 하고, '쇄국주의자'라고도 부르는 것은 이런 양면성이 있기 때문은 아닐까? 그는 집권자로서 강력한 왕권을 회복하기 위해 개혁정치를 실시했고, 실천 방법의 하나로 조선의 문을 닫았다. 외세가 끼어들 틈이 없었기 때문에 그의 개혁은 성공했는지도 모른다.

흥선대원군.

그는 개혁가인 동시에 쇄극주의자였다. 외국 세력과의 통상과 개호에까지 이르지는 못했지만, 생각조차 하지 않은 것은 아니었다. 세도정치 아래서 왕족으로 청소년과 장년 시절을 보내면서 그는 못 볼 모습을 많이 보았다. 권력 남용, 횡포, 아첨, 매관매직…….

흥인지문 한양도성의 동쪽 문. 보물 제1호이다.

서울성곽 조선 초기 한양 천도 시 도성 방위를 위해 쌓은 성곽.

경복궁의 중건, 왕권도 세워졌을까? 169

고종과 대원군, 그리고 민 왕비 五

아들 고종과 아버지 대원군

고종은 흥선군 이하응과 여흥 민씨 사이의 막내아들로 태어났다. 흥선군과 여흥 민씨 사이에는 고종(이재황) 말고도 장남 이재면과 차남 이재선이 있었다. 그런데도 대원군은 막내인 재황을 왕으로 추천했다. 당시 이재황의 나이가 12살로 어리다는 게 이유였다. 어린 왕이어야 신정왕후가 섭정을 할 수 있고, 또 왕의 아버지 대원군으로서 오랫동안 정치에 발을 들여놓아 안동 김씨의 세도 정치를 끝낼 수 있다는 생각 때문이었다. 고종은 즉위 후 직접 나라를 다스리는 대신 제왕 수업을 받아야 했다. 스승 박규수로부터 다양한 수업을 받았는데, 개화파인 박규수의 영향으로 조선을 둘러싼 서구 열강의 힘과 국제정세를 파악하고 있었다. 그동안 대원군은 조선을 반석에 올려놓기 위해 다양한 개혁 정책을 실현해 나갔다. 그러나 외국과의 통상 대신 나라의 문을 걸어 잠근 정책이 문제였다. 물론 안으로 썩어빠진 세도 정치를 몰아내면서 정치를 안정시키고 국방을 튼튼히 한 다음 문호를 개방하겠다는 대원군의 정책도 틀린 것은 아니었다.

흥선대원군 초상

하지만 순리에 맞게 나라를 개방하고, 세계와 어깨를 나란히 해야 한다는 것이 고종의 생각이었다. 1873년 최익현의 탄핵으로 고종이 친정을 선포하자 대원군은 칩거하며 재집권을 노릴 정도로 못다 이룬 개혁과 왕권 확립에 집착했다. 물론 훗날 임오군란 때 대원군이 잠깐 동안 다시 정권을 잡았으나 아들 고종과의 사이는 점점 멀어질 수밖에 없었다. 그런 이유에서였을까? 고종은 아버지 대원군이 세상을 떠났을 때도 장례식에 참석하지 않았다. 권력 때문에 어긋난 부자 관계는 그렇게 끝내 회복이 되지 못했다.

고종과 민 왕비

고종이 왕위에 오른 것은 1863년, 그의 나이 12살 때였다. 그리고 3년 후인 1866년 16살의 민자영과 혼례를 올렸다. 민자영은 노론계 민치록의 딸이었다. 민자영을 고른 인물은 대원군이었다. 대원군이 민자영을 조선의 왕비로 고른 이유는 아주 단순하다. 아버지 없이 홀어머니 밑에서 자랐기 때문이었다. 대원군 집권 이전까지 조선은 세도정치로 몸살을 앓고 있었다. 세도정치의 중심에는 왕비의 외척들이 자리를 잡고 있었다. 세도정치를 타파하고자 했던 대원군은 부모형제가 없었던 민자영을 적임자로 생각하고 왕비로

고종

들인 것이었다. 고종과 민 왕비는 1866년 운현궁에서 성대한 결혼식을 올렸다. 누구보다도 영민하고 똑똑했다고 알려진 민 왕비는 고종이 성년이 되자 직접 나라를 다스려야 한다고 주청했다. 그리고는 유림의 거두였던 최익현으로 하여금 대원군의 실정과 정책을 비판하는 상소를 올리게 했다. 이 일로 결국 대원군은 하야를 하고 고종이 친정을 선포했다. 민 왕비의 정치적인 야심을 볼 수 있는 단적인 예라 할 수 있다.

고종은 민 왕비와 나랏일을 많이 의논한 것으로 알려져 있다. 또 민 왕비는 자신의 일가친척들을 중앙정계에 많이 진출시켰다. 자신의 세력을 키우기 위함이었는데, 이는 민씨 가문에 의한 또 다른 세도정치가 판을 치게 되는 계기가 되었다. 두 사람은 나라의 왕과 국모로서 서로 믿고 의지했던 것은 사실인 것 같다. 그러나 민 왕비는 일본의 영향력 감소를 위해 러시아 세력을 끌어들이면서 1895년 을미사변을 일으킨 일본에 의해 죽임을 당하고 말았다. 이 사건 후 한때나마 고종은 일본 세력을 피해 러시아 공사관으로 옮겨(아관파천) 나라를 다스렸다.

대원군과 민 왕비

대원군과 민 왕비는 정치적으로 대척점에 서 있었다. 민 왕비는 친척이 없다는 이유로 대원군에 의해 간택된 왕비였지만, 시아버지인 대원군의 바람과는 달리 정치적인 야심이 있었다. 그래서 민씨 일가들을 정계에 입문시키며 세력을 다질 정도로 영민했다. 실제로 고종을 뒤에서 움직인 사람은 민 왕비였다고 말하는 학자들이 있을 정도다. 왕권과 신권의 견제와 균형, 그리고 유교적 이념에 충실한 관료적 지배체제가 '이상적 왕도정치'라는 유교적 가치관으로 똘똘 뭉친 대신들을 이용해 대원군을 정치 일선에서 끌어내린 것도 그녀였다. 대원군으로서는 며느리에게 허를 찔린 형태가 되고 말았다. 그러나 대원군은 그대로 물러나지 않았으니, 신식군대와의 차별대우에 불만을 가진 구식군대가 일으킨 임오군란을 뒤에서 조정하면서 며느리인 민 왕비의 종적이 잠시 묘연해지자 서둘러 그녀의 사망을 세상에 공표하고 장례식까지 치러 민 왕비의 정치적 영향력을

차단하려 했다. 그만큼 대원군에게도 민 왕비는 눈엣가시 같은 존재였다. 아버지 흥선대원군과 아내인 민 왕비 사이에 있던 고종은 왕으로서, 아들로서, 남편으로서 중재를 해야 할 위치였지만, 그러지 못했다. 대원군이 임오군란으로 잠시 정권을 잡았지만 곧 청나라로 끌려간 것도 어찌 보면 병자호란 이후 계속되어 온 청나라의 야심, 즉 조선에 대한 영향력을 유지하고자 했던 청나라 세력을 민 왕비가 끌어들였기 때문에 가능한 일이었는지 모를 일이다. 끝내 시아버지와 며느리, 왕의 아버지이자 왕의 아내였던 두 사람은 서로 화해하지 못하고 다른 길을 걸었다.

에필로그

　세도정치에 병들어 가던 조선을 바로 세우고 땅에 떨어진 왕권을 회복하기 위해 흥선대원군에 의해 새롭게 중건된 경복궁. 한 나라의 국체를 바로세우고 왕조의 안녕을 위해 기획됐던 일, 나라의 존망을 걸고 치렀던 전란 중에 소실된 경복궁의 중건은 흥선대원군이 있었기에 가능했다는 데는 의심의 여지가 없다. 그러나 조금 더 시간을 두고 사회적인 합의와 지지를 이끌어 낸 뒤 했어야 했다. 게다가 도탄에 빠진 백성들을 구한 다음 추진했더라면 재정적인 준비도 더 수월했을 것이고, 유생들이나 국민들의 저항도 덜하지 않았을까? 그랬더라면 그가 소원했던 왕권 강화도, 개혁 추진도, 국방력 강화도, 통상개화정책도 무리 없이 추진되지 않았을까?

　또 한 가지 대원군이 간과했던 것이 있었다. 자신이 등용한 관료들이 세력화를 꾀하지 못했다는 점이다. 너무 갑작스럽게 등용되기도 했고, 정치 경험이 없는 젊은이들이다 보니 힘을 결집시킬 수 없었는지도 모른다. 정치세력은 오랜 시간에 걸쳐 형성되는 것이다. 그가 뽑은 사람들은 일정 부분 개혁에 도움을 주었지만, 정치적인 역량을 발휘하는 밑바탕 세력까지는 되지 못했다. 대원군의 꿈은 아들 고종과 왕비 민씨, 그리고 유생들에 의해 꺾였다. 그들의 배후에는 고종의 왕비였던 민자영과 그녀의 외척들이 있었다.

　집권 10년 동안 대원군은 사회 곳곳에 개혁의 칼날을 들이댔다. 두려움도 없었다. 왕권이 바로 설 수만 있다면 주저하지 않고, 불도저처럼 밀고 나갔

다. 그 와중에 크고 작은 사건들이 터지고 사람들이 희생되었지만 멈추지 않았다. 그로 인해 조선의 많은 것들이 변한 것은 사실이다. 다만 세계의 대세였던 개화와 통상에 나서지 못하고 문을 걸어 잠궜다는 것이 문제였다.

대원군이 집권하던 시절, 고종은 학문을 익히며 국제정세를 듣고 있었다. 그의 뒤에는 영민한 왕비 민씨도 포진하고 있었고 그녀의 외척들도 등장하기 시작했다. 민씨 외척들은 안동 김씨 세도정치를 조선 정치의 일선에서 몰아내고 고종 권력의 핵심 세력이 되었다. 알고 보면 대원군을 권좌에서 밀어낸 것도 이들 여흥 민씨 가문이었다.

대원군이 물러나면서 고종은 일견 정책을 이어받는 듯했다. 그러나 오래지 않아 대부분의 정책을 폐기시키고 개화의 길로 나섰다. 그 전에 어떤 준비를 해야 하고, 어떤 절차를 거쳐야 하는지 치밀하게 연구부터 해야 했다. 하지만 그런 준비를 하기에는 조선을 둘러싼 주변의 국제 정세가 그를 기다려 주지 않았다.

세계적인 흐름인 통상과 개화에는 성공했지만, 나라를 부강하게 만들고 정치적으로 안정을 가져오는 데는 실패했다. 그것이 조선이 가진 한계였고 정치 경험이 일천한 고종의 한계였다. 이후에도 조선은 갈피를 잡지 못하고 주인 없는 돛단배처럼 외세의 거친 파도 앞에서 위기를 맞을 수밖에 없었던 것이다.

대원군 집권기 역사 연표

1863년

- 12월 – 철종(제25대) 사망.
  - 고종(제26대) 즉위.
  - 신정왕후 수렴청정 시작.
  - 흥선군, 대원군으로서 정권을 잡음.

1864년

- 2월 – 비변사 기능 축소.
  - 러시아인들 함경도 경흥 국경 넘어와 조선에 통상 요구.
  - 운현궁에 대원군의 궁성 출입문을 설치.

1865년

- 3월 – 비변사를 의정부에 통합.
  - 만동묘 철폐를 명함.
- 4월 – 경복궁 중건 위해 영건도감 설치.
  - 원납전을 내게 함.
  - 경복궁 중건 공사 시작.
- 5월 – 삼군부 설치.

- 11월 - 대전회통 편찬.
- 12월 - 영국 상선 로나호가 통상교섭 벌이다 실패함.

1866년

- 1월 - 병인박해.
  프랑스 비르뇌 주교 등 9명의 선교사와 남종삼 등 천주교도들이 처형당함.
- 2월 - 신정왕후 수렴청정을 거둠.
- 3월 - 민치록의 딸 민자영을 왕비로 정함.
- 7월 - 제너럴셔먼호 사건.
  미국 상선 제너럴셔먼호가 평양 시민들의 공격으로 불에 탐.
- 8월 - 로즈 제독이 이끄는 프랑스 함대가 양화진으로 들어옴.
- 9월 - 병인양요. 프랑스군이 강화도를 점령함.
- 10월 - 양헌수가 정독산성에서 프랑스군 격파.
- 11월 - 경복궁 중건을 위한 당백전 발행.

1867년

- 2월 - 성문세 부과.
- 5월 - 당백전 주조 중단.
- 6월 - 청국 화폐 유통 허가함.

- 11월 - 경복궁 근정전과 경회루 중건 완료.

1868년

- 4월 - 오페르트 도굴사건 발생.
  독일 상인 오페르트가 흥선대원군의 아버지 남연군묘를 도굴하려다
  실패하고 도망침.
- 7월 - 고종, 경복궁으로 옮김.

1869년

- 3월 - 전라도 광양에서 민란 일어남.
- 8월 - 경상도 고성에서 민란 일어남.
- 9월 - 종로 상가의 화재로 보신각이 불에 탐.
- 12월 - 일본이 서양과 수교를 했다 하여 국서접수를 거부함.

1870년

- 5월 - 주일독일공사 브란트가 부산에 와서 통상 요구하다 거절당하고 돌아감.
- 12월 - 세자와 세손의 묘호를 원으로 고침.

1871년

- 3월 – 경상도 영해에서 민란이 일어남.
  - 사액서원 47개만 남겨두고 전국의 서원을 철폐함.
  - 호포법을 시행하여 양반에게도 세금을 내게 함.
- 4월 – 신미양요. 미군이 강화도 광성보를 점령.
  전국에 척화비 세움.

1872년

- 9월 – 경복궁 증건 완료로 영건도감 폐지.

1873년

- 2월 – 선혜청 창고가 불타 미곡 수만 포가 소실.
- 10월 – 성문세 폐지.
  - 최익현, 흥선대원군 실정 탄핵 상소.
- 11월 – 고종, 친정 시작. 대원군 실각. 민씨 일가의 세도정치 시작.
- 12월 – 경복궁 자경전이 둘에 탐.
  - 고종, 창덕궁으로 옮김.

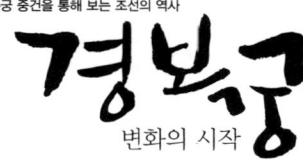

반올림 History

경복궁 중건을 통해 보는 조선의 역사

경복궁
변화의 시작

2014년 4월 15일 1판 1쇄 인쇄
2014년 4월 20일 1판 1쇄 발행

발행인 김진호
펴낸곳 반올림
편집·디자인 Sweetspot, 최은도

등록번호 제 2013-000009호
등록일 2013년 6월 10일
주소 서울특별시 강북구 숭인로 39, 203동 1002호
연락처 전화 | 02-6221-6156
　　　　팩스 | 02-984-6157
이메일 banolim_@hanmail.net
ISBN 979-11-95243ㄷ-0-8
ⓒ 2014, 서찬석

Photo Credits
18p 총독부 건물 ⓒ연합뉴스 / 86p 유계춘 묘 ⓒ진주시 / 115p 훈국신조군기도설 ⓒ육군박물관 /
139p 남연군 묘 ⓒ예산군청 / 149p 와트의 증기기관 ⓒNicolás Peréz / 그 외 서찬석

※ 이 책은 저작권법에 따라 보호받는 저작물이므로 무단 전재와 무단 복제를 금합니다. 이 책의 표지 이미지나 내용 일부를
　사용하려면 반드시 반올림의 서면 동의를 받아야 합니다.

※ 저작권 알림
　본 도서는 저작권법 및 저작권법시행령에 따른 저작물에 대해 권리자로부터 이용 허락을 받아 실었습니다. 그러나 다방면의
　노력에도 불구하고 저작권자의 승인을 얻지 못한 사진이 일부 있습니다. 이에 따라 저작권자의 승인을 얻지 못하고 수록된
　저작물의 해당 저작권자께서는 추후 본사로 연락해 주시기 바랍니다.